古典文獻研究輯刊

三三編

潘美月・杜潔祥 主編

第6冊

道家文獻校補
（第四冊）

蕭 旭 著

國家圖書館出版品預行編目資料

道家文獻校補（第四冊）／蕭旭 著 -- 初版 -- 新北市：花木
蘭文化事業有限公司，2021〔民110〕
目 6+182 面；19×26 公分
（古典文獻研究輯刊 三三編；第 6 冊）
ISBN 978-986-518-622-7（精裝）
1. 道教文學 2. 校勘
011.08   110012073

古典文獻研究輯刊
三三編　第六冊   ISBN：978-986-518-622-7

道家文獻校補（第四冊）

作　　者　蕭旭
主　　編　潘美月、杜潔祥
總 編 輯　杜潔祥
副總編輯　楊嘉樂
編　　輯　許郁翎、張雅淋、潘玟靜　美術編輯　陳逸婷
出　　版　花木蘭文化事業有限公司
發 行 人　高小娟
聯絡地址　235 新北市中和區中安街七二號十三樓
　　　　　電話：02-2923-1455／傳真：02-2923-1452
網　　址　http://www.huamulan.tw 信箱 service@huamulans.com
印　　刷　普羅文化出版廣告事業
初　　版　2021 年 9 月
全書字數　705335 字
定　　價　三三編 36 冊（精裝）台幣 90,000 元

道家文獻校補
（第四冊）

蕭旭 著

目

次

《神仙傳》校補

晉葛洪撰《神仙傳》10 卷。今人胡守為撰《神仙傳校釋》〔註 1〕，以四庫本作底本。

本文引用類書，《北堂書鈔》孔廣陶校刻本（省稱作《書鈔》），《初學記》古香齋本，《藝文類聚》南宋刻本（省稱作《類聚》），《白氏六帖事類集》南宋刻本（省稱作《白帖》），《太平御覽》景宋本（省稱作《御覽》），《事類賦注》南宋刻本，《太平廣記》明刊本（省稱作《廣記》）。

卷一

（1）雲不待簇而飛，草木不待黃而落（「廣成子」條）

胡守為曰：《廣記》卷 1 引《神仙傳》，《漢魏》本全同。雲不待簇而飛，《漢魏》本作「禽不待候而飛」。《雲笈七籤》卷 109 引《神仙傳》、《真仙通鑑》卷 2 作「雲不待族而雨」。《莊子·在宥》作「雲氣不待族而雨」，似是原文。司馬彪注云：「族，聚也。未聚而雨，言澤少。」「雲氣」與「草木」相對應，四庫本缺「氣」字。「飛」應作「雨」。（P2）

按：胡說是也。四庫本《記纂淵海》卷 2 引作「雲不待簇而雨」。「簇」是「族」俗字。「候」是「族」形誤。《御覽》卷 663 引劉向《列仙傳》作「雲不待族而飛」，「飛」亦當作「雨」。

〔註 1〕胡守為《神仙傳校釋》，中華書局 2010 年版。

（2）其為人也深目而玄準（「若士」條）

胡守為曰：玄準，《雲笈七籤》卷 109 引《神仙傳》、《三洞珠囊》卷 8 引《神仙傳》、《論衡・道虛篇》、《三國志・郤正傳》裴注引《淮南子》同。《類聚》卷 78 及《御覽》卷 37 引《淮南子》及莊逵吉校本《淮南子》作「玄鬢」，即黑色的鬢髮。準，鼻也，玄準意為鼻子高大。此句「深目」與「高鼻」對舉，若作「玄鬢」便不相稱。（P6～7）

按：宋刊本《類聚》卷 78 引《淮南子》作「深目而喉」，胡氏所見乃四庫本，非善本。《淮南子・道應篇》景宋本、道藏本已作「玄鬢」，非始於莊校本也。《紺珠集》卷 2 引《神仙傳》、《類說》卷 3 引《列仙傳》作「深目而結喉」，《類聚》脫「結」字。作「結喉」亦通。

（3）若士儼然而笑曰（「若士」條）

胡守為曰：儼，矜莊貌。《雲笈七籤》卷 109 引作「淡」。《淮南子・道應訓》、《三國志・郤正傳》裴注引《淮南子》、《類聚》卷 78 引《淮南子》均作「齗」。齗，笑而見齒貌，似近文義。（P9）

按：儼然，宋刊本《類聚》卷 78 引《淮南子》作「囂然」，胡氏所見乃四庫本，非善本。當有三個版本，不能混為一論。①一是「儼然」，「淡然」是其轉語。但胡氏訓作矜莊貌，則未是。儼，讀作㰨。《詩・澤陂》：「碩大且儼。」《說文》「嬐」字條引「儼」作「嬐」，《御覽》卷 368 引《韓詩》同。是其音轉之證。《說文》：「㰨，含笑也。」〔註2〕P.2011 王仁昫《刊謬補缺切韻》、裴務齊《正字本刊謬補缺切韻》、S.2071《切韻箋注》並云：「㰨，笑。」字亦作妗，《說文》：「妗，一曰善笑皃。」字亦作欦、歁，《玉篇殘卷》：「歁，《字書》亦㰨字也。」《王韻》、《裴韻》並云：「歁，笑皃。」《玉篇》：「欦，含笑也。」《集韻》：「歁、㰨：含笑也。或從今。」又「欦、㰨：歁：含笑也。或省，亦從咸。」②二是「齗然」。③三是「囂然」，同「傲然」。

（4）我昔南遊乎洞灝之野，北息乎沈默之鄉（「若士」條）

胡守為曰：洞灝，《雲笈七籤》卷 109 引作「涸灟」，《淮南子・道應訓》作「罔㝗」，《論衡・道虛篇》作「罔浪」，《三國志・郤正傳》裴注引《淮南子》作「罔㝗」，《御覽》卷 37 引《淮南子》同。罔㝗，空廣之意。其意同。（P9）

〔註2〕《玉篇殘卷》引「含笑」誤作「含哭」。

按：《三國志・郤正傳》裴松之注引《淮南子》作「罔罳」，宋刊《御覽》卷 37 引《淮南子》引作「岡罳」，胡氏並失檢。宋刊《事類賦注》卷 6 引《淮南子》亦作「罔罳」。「洞瀾」是「涸洒」形誤，「岡」是「罔」形誤。「涸洒」、「罔宦」、「罔浪」、「罔罳」並同音，又音轉為「莽罳」、「莽洋」、「漭瀁」、「漭蕩」、「莽瀁」、「洡瀁」，《文選・吳都賦》：「相與騰躍乎莽罳之野。」李善註：「莽罳，廣大貌。」《家語・致思》：「賜願使齊、楚合戰於漭瀁之野。」王肅注：「漭瀁，廣大之類。」《說苑・指武》作「莽洋」，《御覽》卷 308 引作「漭蕩」，又卷 463 引作「莽瀁」。「涸洒之野」即「莽罳之野」、「漭瀁之野」也。又倒言作「泱莽」、「泱洡」、「泱莽」，《史記・司馬相如傳》《子虛賦》：「經乎桂林之中，過乎泱莽之野。」《漢書》同，《文選》作「泱洡」，李善註引如淳曰：「大貌也。」《文選・七啓》：「於是鏡機子聞而將往說焉，駕超野之駟，乘追風之輿，入乎泱洡之野，遂屆玄微。」

（5）從平旦至日中，乃危坐拭目，摩搦身體（「彭祖」條）

按：危坐，《廣記》卷 2 引同，《雲笈七籤》卷 32 作「跪坐」，《法苑珠林》卷 31 引作「俛坐」（宋、元、明、宮本「俛」作「免」）。「危」形誤作「免」，復誤作「俛」。

（6）乃令采女乘輕輧而往，問道於彭祖（「彭祖」條）

胡守為曰：輕輧，《漢魏》本、《法苑珠林》卷 41 引作「輜輧」。「輕輧」應作「輜輧」。（P22）

按：胡說是也。《類聚》卷 78、《廣記》卷 2 引亦作「輜輧」，《墉城集仙錄》卷 6 同。「輕」是「輜」形誤。高麗本《法苑珠林》在卷 31，又誤作「輜軒」。

（7）彭祖曰：「欲舉形登天，上補仙官者，當用金丹，此元君太一所服，白日昇天也。」（「彭祖」條）

胡守為曰：元君，《漢魏》本作「九召」。《抱朴子內篇・金丹》云：「元君者，大神仙之人也。」《御覽》卷 668 引《集仙錄》中彭祖言作「當服元君太一金丹」。《雲笈七籤》卷 98《太真夫人贈馬明生詩二首序》：「有安期先生曉金液丹法，其方秘要，是元君太一之道，白日昇天者矣。」（P22～23）

按：《御覽》卷 668 所引，出《墉城集仙錄》卷 6，不煩轉引。《御覽》卷 985 引作「九君太一」。「九召」、「九君」均是「元君」形誤。《雲笈七籤》卷

106《馬明生真人傳》與卷 98 同，「元君太一」亦誤作「九君太一」。

（8）仙人者……戀好深僻，不交流俗（「彭祖」條）

胡守為曰：戀，《漢魏》本作「率」。流俗，《漢魏》本作「俗流」。（P25）

按：《墉城集仙錄》卷 6 同。《廣記》卷 2 引「戀」作「率」，「流俗」作「俗流」。「戀」是「率」形誤。

（9）人道當食甘旨，服輕麗，通陰陽，處官秩耳。目聰明，骨節堅強，顏色和澤，老而不衰，延年久視，長在世間（「彭祖」條）

胡守為曰：目聰明，《漢魏》本無，應如《抱朴子內篇・對俗》引彭祖言作「耳目聰明」。（P25）

按：「耳」字當屬下句，此文本作「耳目聰明」也。《抱朴子內篇・對俗》「輕麗」作「輕暖」，「和澤」作「悅澤」（敦煌本《抱朴子》作「和澤」〔註3〕）。

（10）美色淑姿，幽閒娛樂，不致思欲之惑，所以通神也（「彭祖」條）

胡守為曰：幽閒娛樂，《御覽》卷 720 引作「安閒性樂」。不致，《御覽》卷 720 引作「不欣」。（P26）

按：景宋本《御覽》卷 720 引仍作「不致」，胡氏所據乃四庫本，非善本。《御覽》卷 720 引「惑」作「感」。《廣記》卷 2 引同此文，《墉城集仙錄》卷 6「不致」作「不至」，餘同。《御覽》卷 668 引《集仙錄》作「美色曼態，不至思欲之感」。「惑」當是「感」形誤。《雲笈七籤》卷 13 引《中黃真經》：「若五味不絕，五藏靈氣不生，終不斷思欲之想。」「思欲之感」即「思欲之想」也。

（11）故有上士別床，中士異被，服藥千裹，不如獨臥（「彭祖」條）

胡守為曰：《三洞群仙錄》卷 18 引云「上士別狀，中士異被，下士服藥」，語較完整，四庫本似脫「下士服藥」句。千裹，《漢魏》本、《三洞群仙錄》卷 18 引作「百裹」，《御覽》卷 720 引作「百過」。裹，囊也。「過」音同「裹」而誤。（P27）

〔註3〕敦煌原卷已毀於 1923 年日本關東地震，田中慶太郎《古寫本〈抱朴子〉》有影印，文求堂書店大正 12 年（1923）出版；《子藏・道家部・抱朴子卷》第 1 冊復影印文求堂，國家圖書館出版社 2016 年版，第 59 頁。

按：胡氏僅據《群仙錄》補「下士服藥」句，非是。陶弘景《養性延命錄》卷下引彭祖說作「上士別牀，中士異被，服藥千裹，不如獨臥」，孫思邈《千金翼方》卷12、《墉城集仙錄》卷6、《廣記》卷2「千裹」作「百裹」，餘同。陶弘景與葛洪時代最近，所見亦無「下士服藥」四字。「裹」是「裏」俗字，「過」同音通用。又《能改齋漫錄》卷8引《廣記》作「百種」，宋·吳开《優古堂詩話》引《廣記》作「百顆」，均是臆改。考《養性延命錄》卷下：「人年六十便當都絕房內，若能接而不施精者，可御女耳。若自度不辦者，都遠之為上。服藥百種，不如此事可得久年也。」則「裏」當讀作「過」，與量詞「遍」用法相同。「百過」謂百遍，指一百種不同的藥，亦即陶氏所說之「百種」。

（12）凡遠思強記傷人（「彭祖」條）

胡守為曰：強記，《御覽》卷720引作「強健」，誤。（P28）

按：強記，《廣記》卷2引同，《養性延命錄》卷上作「強健」，《外臺秘要方》卷17、《備急千金要方》卷60作「強慮」。「強健」未必誤。

（13）情樂過差傷人（「彭祖」條）

胡守為曰：《御覽》卷720引作「喜樂過量傷人」。《抱朴子內篇·極言》亦稱：「喜樂過差，傷也。」《漢魏》本作「喜樂過差」，下文缺「傷人」二字。「情樂」似應作「喜樂」。（P28）

按：《墉城集仙錄》卷6同此文（《御覽》卷668引作「人情過樂」）。《廣記》卷2引同《漢魏》本。《養性延命錄》卷上、《外臺秘要方》卷17、《雲笈七籤》卷32、《文選·養生論》李善注引彭祖說亦作「喜樂過差傷人」，《備急千金要方》卷60、《千金寶要》卷6作「喜樂過度傷人」。過差，猶言過甚、過分、過度。

卷二

（1）有道士見其良謹，使將至金華山石室中（「皇初平」條）

胡守為曰：使，《漢魏》本作「便」。（P42）

按：《類聚》卷94、《廣記》卷7、宋刊本《記纂淵海》卷186、《今事文

類聚》後集卷 39、《合璧事類備要》別集卷 83 引作「便」〔註4〕，《太上洞玄靈寶五符序》卷中、《御覽》卷 663 引《真誥》同。「使」是「便」形誤。《御覽》卷 902、《事類賦注》卷 7、《雲笈七籤》卷 109 引無此字，省之耳。

（2）耳恭承輔言，往到習家叩門而呼之（「呂恭」條）

胡守為曰：而呼之，《漢魏》本作「問訊」。（P48）

按：《廣記》卷 9 引作「問訊」，《御覽》卷 663 引《真誥》同。

卷三

（1）而後四百餘年忽來還鄉，推求得其數世孫名懷喜（「沈羲」條）

胡守為曰：《雲笈七籤》卷 109 引作「推求得數十世孫名懷」，脫「喜」字。（P73）

按：推，《廣記》卷 5 引同，《吳郡志》卷 40 引誤作「惟」。

（2）四壁熠熠，有符書著之（「沈羲」條）

胡守為曰：熠熠，形容光彩。《雲笈七籤》卷 109 引作「習習」，其義不同，似應從四庫本。（P74）

按：《廣記》卷 5、《吳郡志》卷 40、《真仙通鑑》卷 4 引均作「熠熠」。「習習」是脫誤字。

（3）羲奄忽如睡，已在地上（「沈羲」條）

按：睡，《雲笈七籤》卷 109、《真仙通鑑》卷 4 引同，《廣記》卷 5、《吳郡志》卷 40 引作「寐」。

（4）忽有二仙人託為書生，從叔平（本）行遊（「陳安世」條）

按：託，《御覽》卷 662、《廣記》卷 5、《真仙通鑑》卷 12 引同。《仙苑編珠》卷上作「忽有二仙人化為書生詣叔本」。「託」疑「化」形譌。《續齊諧記》：「於時燕昭王墓前有一斑狸，化為書生，欲詣張公。」文例相同。

〔註4〕四庫本《記纂淵海》在卷 86。

（5）叔平（本）不覺其是仙人也，久而轉懈怠（「陳安世」條）

　　按：《御覽》卷 662 引作「叔本不知其異人也，久而益怠」。轉、益，均副詞，猶言漸也〔註 5〕。

（6）公昉即為具酒三十斛著大器中（「李八伯」條）

　　按：著，字或作箸、着，猶言置也。《雲笈七籤》卷 109、《真仙通鑑》卷 10 引「著」作「致」，亦「置」借字。本卷下文「王遠」條云「耽知其化去，不敢下著地」，亦同。《集韻》：「箸、著：一曰置也。或從艸。」《韓子·十過》「馬猶取之內廄，而著之外廄也」（《呂氏春秋·權勳》「廄」作「皁」），《穀梁傳·僖公二年》、《新序·善謀》「著」作「置」（《公羊傳》作「繫」，義亦相會）。《中論·審大臣》「故大臣者，治萬邦之重器也，不可以眾譽著也」，P.3722、S.1440《治道集》卷 4 引「著」作「置」。《世說新語·規箴》「索美酒，得，便自起，瀉箸梁柱間地」，《晉書·陸玩傳》、《白帖》卷 21、《建康實錄》卷 7 引「箸」作「置」。又《紕漏》「因倒箸水中而飲之，謂是乾飯」，《書鈔》卷 135、《御覽》卷 391 引「箸」作「着」（《御覽》卷 186 引《語林》同），《廣記》卷 236 引「箸」作「置」。又《賢媛》「桓宣武平蜀，以李勢妹為妾，甚有寵，常著齋後」，謂置於齋後也。又《尤悔》「文帝以毒置諸棗蒂中」，《類聚》卷 87 引「置」作「着」。《史記·刺客列傳》「高漸離乃以鉛置築中」，《索隱》引劉氏云：「鉛為挺著築中，令重，以擊人。」劉氏以「著」易「置」。《陀羅尼集經》卷 4：「即取壇內五椀中水及其盤食，寫著瓷中。」《百喻經》卷 3：「而彼仙人尋即取米及胡麻子，口中含嚼，吐著掌中。」俗字亦作撗、揩、楮、搰，裴務齊《正字本刊謬補缺切韻》：「楮，置也。」《廣韻》：「揩，置也。」《篆隸萬象名義》：「搰，置也。」又音轉作署，《廣雅》、《玉篇》並云：「署，置也。」

（7）阿見之，怒曰：「汝隨我行，何畏虎耶？」（「李阿」條）

　　胡守為曰：何畏虎耶，《漢魏》本、《雲笈七籤》卷 109 引作「那畏虎也」。（P89）

　　按：《廣記》卷 7、《真仙通鑑》卷 15 引亦作「那畏虎也」。作「何」疑後人所改。

〔註 5〕　參見楊樹達《詞詮》「益猶漸也」，中華書局 1954 年版，第 365～366 頁。蕭旭《古書虛詞旁釋》「轉猶漸也」，廣陵書社 2007 年版，第 243 頁。

（8）帝惡之，使人削之，外字始去，內字復見，字墨皆徹入板裏
（「王遠」條）

按：始，《廣記》卷7、《雲笈七籤》卷85、109、《真仙通鑑》卷5引作
「適」，《御覽》卷605、767、《事類賦注》卷15引脫。《御覽》卷747引「削」
作「刮」，又脫「始去內字」四字。

（9）同郡故太尉公陳耽為方平架道室，且夕朝拜之（「王遠」條）

胡守為曰：架，《漢魏》本作「營」。（P99）

按：《雲笈七籤》卷85、109引作「架」，《廣記》卷7引作「營」，《御覽》
卷662引《真誥》作「駕」。《廣韻》：「架，架屋。」猶言構建。《神仙傳》卷
5「架屋舍」，又卷10「當為架好屋」。「駕」是借字。

（10）耽家無疾病死喪，奴婢皆然（「王遠」條）

胡守為曰：皆然，《雲笈七籤》卷109引作「皆安然」。（P99）

按：《雲笈七籤》卷85、《真仙通鑑》卷5引亦作「皆安然」。此文脫「安」
字，《廣記》卷7亦脫。

（11）然汝少不知道，今氣少肉多，不得上昇，當為尸解耳。尸解
一劇，須臾如從狗竇中過耳（「王遠」條）

胡守為曰：一劇，意為瞬間。（P102）

按：胡說無據。《通鑑》卷189胡三省注：「劇，戲也。今俗謂戲為『則
（作）劇』。」王遠稱尸解仙化之法為「戲」。P.3909：「向來所說，將君作劇。
恰恰相要，欲便所索。」「作劇」猶言作戲。

（12）舉家汲水以灌之，如沃燋石（「王遠」條）

胡守為曰：燋石，《雲笈七籤》卷109引作「燋狀」。「燋」通「焦」。（P102）

按：《廣記》卷7引作「焦石」。

（13）擘脯而行之，如松栢炙，云是麟脯也（「王遠」條）

胡守為曰：擘脯而行之，《雲笈七籤》卷109、《廣記》卷60同。《漢魏》
本、《書鈔》卷145引作「擘脯而食之」。擘，撕開。行，送遞。如松栢炙，
《漢魏》本、《御覽》卷862引無此四字。《雲笈七籤》卷109引作「如行柏
炙」，《真仙通鑑》卷5作「如有柏炙」，《說郛》卷113引《麻姑傳》作「如

柏靈」，皆意義不明。原文應如《初學記》卷 26 引作「如巧狛炙」，只是「巧」形近於「行」而譌，「狛炙」或作「貊炙」。《釋名》卷 4 云：「貊炙，（豬）全體炙之，各自以刀割，出於胡貊之為也。」（P109）

按：①《仙苑編珠》卷中、《墉城集仙錄》卷 4、《真仙通鑑》卷 5 引作「擘脯而行之」，《御覽》卷 862 引作「擘脯而行」，《廣記》卷 7 引亦作「擘脯而食之」，《書鈔》卷 145、《類聚》卷 72、《初學記》卷 26 引作「擗脯而行」，《吳郡志》卷 40 引作「擘脯行之」，《御覽》卷 664 引《靈寶赤書》作「脯行」，顏真卿《撫州南城縣麻姑山仙壇記》作「擗麟脯行之」。余所據《書鈔》乃孔氏舊刻本，胡氏所據乃四庫俗本也。「擗」是「擘」俗字，俗亦作「劈」，剖分也。行，排列也。易「行」作「食」誤。②如松柏炙，《書鈔》引作「指炙」，《集仙錄》作「如栢炙」，《廣記》卷 60 引作「如柏靈」，《仙苑編珠》、《類聚》、《吳郡志》引無此四字。此當據《書鈔》，讀作：「指炙云：『是麟脯也。』」「指」形誤作「拍」，復誤作「柏（栢）」、「狛」。

（14）麻姑自說接待以來，已見東海三為桑田（「王遠」條）

胡守為曰：接待，《漢魏》本、《類聚》卷 8 引、顏真卿（引者按：此三字當移至下句「撫州」前）《御覽》卷 60 引、《撫州南城縣麻姑山仙壇記》均作「接侍」。「待」通「侍」，接待意為接任職務。（P110）

按：《初學記》卷 6、《雲笈七籤》卷 109、《三洞群仙錄》卷 11 引作「接待」；《墉城集仙錄》卷 4、《仙苑編珠》卷中、《事類賦注》卷 6、《廣記》卷 7、60、《吳郡志》卷 40、《真仙通鑑》卷 5 引亦作「接侍」。「待」是「侍」形誤。

（15）即使人牽經鞭之，曰：「麻姑神人也，汝何忽謂其爪可以爬背耶？」（「王遠」條）

胡守為曰：汝何忽謂，《真仙通鑒》卷 5 作「汝謂」，顏真卿《仙壇記》作「汝何思」，《廣記》卷 60 作「汝何思謂」。（P113）

按：《仙壇記》，明刊本作「汝何忽」，乾坤正氣集本作「汝何忽謂」，胡氏所據乃四庫誤本。《墉城集仙錄》卷 4、《廣記》卷 7 同此作「汝何忽謂」，《雲笈七籤》卷 109 引作「汝忽謂」。《廣記》卷 60「何思」是「何忽」形誤，猶言何乃。

卷四

（1）墨子解帶為城，以幞為械（「墨子」條）

胡守為曰：幞，頭巾，古人稱幞或襆。《墨子·公輸》作「牒」，疊布也。（P127）

按：胡說非是，未檢前人成說。《廣記》卷5引「幞」同。《墨子》「牒」，《史記·孟子荀卿傳》《集解》、《後漢書·張衡傳》李賢注、《渚宮舊事》卷2引同，《書鈔》卷119、126引作「襟」，《御覽》卷336引作「褋」。畢沅曰：「案作『褋』者是也。『褋』省為『褋』，《說文》云：『南楚謂禪衣曰褋。』《玉篇》云：『褋，禪衣也，「襟」同。』又案陳孔璋《為曹洪與文帝書》云『墨子之守，縈帶為垣，折箸為械』，則似以意改用之。」王念孫曰：「禪衣不可以為械，畢改非也。《史記·孟子荀卿傳》《集解》引此正作『牒』。《索隱》曰：『牒者，小木札也。』《說文》：『札，牒也。』《廣雅》曰：『牒，版也。』故可以為械。《後漢書·張衡傳》注亦引作『牒』。」俞樾曰：「『牒』、『褋』皆假字也，其本字當作『梜』。《禮記·曲禮篇》『羹之有菜者用梜』，鄭曰：『梜，猶箸也。』以梜為械者，以箸為械也，陳孔璋《書》曰『折箸為械』。」孫詒讓曰：「俞說亦通。《神仙傳》作『以幞為械』，尤誤。」〔註6〕王、俞說並通，俞說為長。梜之言夾也、挾也，取夾持為義。字亦作筴，《廣雅》：「筴謂之箸。」木製者曰梜，竹製者曰筴。

（2）於是博以一赤丸擲於軍中，須臾火起漲天，奴果走出而得之。博乃更以一青丸擲之火中，火勢即滅（「孫博」條）

胡守為曰：漲天，《漢魏》本作「燭天」。（P135）

按：《廣記》卷5引亦作「燭天」，《雲笈七籤》卷109、《真仙通鑑》卷5引作「張天」。二「擲」字，《紺珠集》卷2、《海錄碎事》卷13引作「投」，《類說》卷3引《列仙傳》同。

（3）能起飄風，發木折屋（「玉子」條）

胡守為曰：發木折屋，《漢魏》本作「發屋折木」。（P142）

按：《廣記》卷5、《雲笈七籤》卷85、109引均作「發屋折木」，當據乙

〔註6〕孫詒讓《墨子閒詁》卷13，中華書局2001年版，第487頁。畢、王、俞說均引自此書。

正，此漢魏人成語也。

（4）以器盛水著兩魁之間，吹而噓之，水上立有赤光，繞之曄曄而起（「玉子」條）

胡守為曰：《漢魏》本作「水上立有赤光，輝輝（引者按：「輝輝」當屬上句，下同）起一丈」。《雲笈七籤》卷 109 引作「水上直有赤光，輝輝起一二丈」。（P144）

按：《廣記》卷 5 引同《漢魏》本，《雲笈七籤》卷 85 引同卷 109，惟脫「水」字耳。

（5）夫以木投金，無往不傷，故陰能溲陽也（「天門子」條）

胡守為曰：溲，《漢魏》本、《雲笈七籤》卷 109 引、《丹鉛總錄》卷 17 引明本《廣記》文均作「疲」，「疲」或是原文。（P146）

按：今尚存明刊本《廣記》，其卷 5 作「疲」，無煩據《丹鉛總錄》轉引也。《真仙通鑑》卷 5 亦作「疲」。「溲」是「疲」形誤，下文「絕洞子」條云「陰能弊陽」，弊亦疲也。

（6）保子宜孫，內外和睦（「九靈子」條）

按：和睦，《太上無極大道自然真一五稱符上經》（下文省稱作《五稱符》）卷上同，P.2440《靈寶真一五稱經》（下文省稱作 P.2440）作「和穆」。睦、穆，正、借字。

（7）人見則喜，不見則思（「九靈子」條）

按：思，P.2440 作「悔」，《五稱符》卷上同。

（8）既宜從軍，又利遠客（「九靈子」條）

按：P.2440 作「責宜從軍，可遠行止咎」，《五稱符》卷上同。

（9）他人謀已，消滅不成；千殃萬禍，伏而不起（「九靈子」條）

按：當據《真仙通鑑》卷 5 校「已」作「己」。P.2440：「他人謀議己不成，患禍不生。」《五稱符》卷上「患禍」下亦有「己」字，餘同。即此文之誼。

（10）杜姦邪之路，塞妖怪之門（「九靈子」條）

胡守為曰：塞，《漢魏》本作「絕」。（P149）

按：P.2440、《五稱符》卷上作「塞」。P.2440「怪」作俗字「恠」。

（11）呪咀之者，其災不成；厭蠱之者，其禍不行（「九靈子」條）

按：P.2440作「祝咀還受其殃，厭固反得其罪」，《五稱符》卷上作「呪咀還受其殃，厭蠱返得其罪」。祝，讀為呪。固，讀作蠱。《易·蠱》，馬王堆帛書《易》「蠱」作「箇」，帛書《衷》作「故」。《呂氏春秋·季冬紀》「國多固疾」，《淮南子·時則篇》、《唐開元占經》卷93「固」作「痼」，蔡邕《月令問答》作「蠱」。均其相通之證。

（12）弱能制強，陰能弊陽（「絕洞子」條）

按：《御覽》卷662引《真誥》：「弱能制強，陰能蔽陽。」弊、蔽，正、借字。

（13）常若臨深履危，御奔乘駕（「絕洞子」條）

胡守為曰：御奔乘駕，《仙苑編珠》卷上引無此句。《御覽》卷662引《真誥》曰「（李修）常若臨深履危，御奔乘朽」，「乘朽」與「履危」相對稱，「駕」似應作「朽」。又《御覽》卷668引《集仙錄》曰：「如臨深履危，御奔乘朽。」可供參考。（P151）

按：胡說非是，「駕」、「朽」形聲俱遠，無緣致譌。《墉城集仙錄》卷6：「如臨深履危，御奔乘驚。」「駕」是「驚」形誤，《真仙通鑑》卷5誤同。「驚」謂驚馬。「乘驚」與「御奔」對舉，不是與「履危」相對稱。《神仙傳》卷7有「乘奔牛驚馬，未足喻其嶮墜矣」，可移以釋此文。

（14）太陽子者，姓離名明，本玉子同年之親友也（「太陽子」條）

按：離，《仙苑編珠》卷上、《真仙通鑑》卷10引同，《墉城集仙錄》卷6作「禹」。「離」俗字作「离」，因脫誤作「禹」耳。《顏氏家訓·書證》說「離」俗字云「離則配禹」。

（15）汝當理身養性，而為眾賢法司（「太陽子」條）

胡守為曰：法司，《漢魏》本作「法師」。作「法師」為是。（P154）

按：胡說是也。《真仙通鑑》卷10亦作「法師」，《墉城集仙錄》卷6作「之師」。

（16）對曰：「晚學性剛，俗態未除，故以酒自驅。」其驕慢如此（「太陽子」條）

按：《仙苑編珠》卷上誤作「故以酒消其驕慢耳」。

（17）太陰女者，姓盧名全（「太陰女」條）

胡守為曰：《仙苑編珠》卷上引作「姓盧名金」，《御覽》卷668引《集仙錄》亦稱「太陰女盧金」。（P156）

按：《墉城集仙錄》卷6：「太陰女，姓嬴名金。」「全」是「金」脫誤。「盧」聲誤作「嬴」，復形誤作「嬴」。

（18）見女禮節恭修，言詞閒雅（「太陰女」條）

按：《墉城集仙錄》卷6作「見女詞旨閑雅，禮節恭謹」。「修」當作「脩」，是「循」形誤。循，順也。

（19）太陽子曰：「共事天帝之朝，俱飲神光之水，身登玉子之魁，體有五行之寶，唯賢是親，豈有所怪？」遂授補道之要，授以蒸丹之方（「太陰女」條）

胡守為曰：《三洞珠囊》卷8引云：「太陰女者，飲神光之水，身登王子之魁，體有五行之寶芝也。」（P157～158）

按：《墉城集仙錄》卷6作「……登玉子之魁綱，禮五行之祕寶，唯賢是親，豈有所悋？遂教以補導之要，授以蒸丹之方」。「怪」是「悋」形誤〔註7〕，《真仙通鑑》後集卷2誤同。太陽子謂無所慳悋於教，故教授以補道（導）之要、蒸丹之方也。此文「體」是名詞，《集仙錄》「禮」是動詞，不必強合其文。

（20）指山山摧，指樹樹死（「太玄女」條）

胡守為曰：「山摧」不可解，《漢魏》本作「山摧」。摧，毀也。「摧」形近

〔註7〕「悋」俗字作「悋」，與「怪」形近。《商子·更法》「窮巷多怪」，《御覽》卷195引「怪」作「悋」，「悋」是「怪」俗字，《新序·善謀》作「怪」。亦其相譌之例。

「摧」而誤。死,《漢魏》本作「折」。(P160)

　　按:《神仙傳》胡氏以四庫本作底本,四庫本「摧」作「崩」。明刊本《廣記》卷 59 引《女仙傳》作「指山山摧,指樹樹拆(折)」,進步書局石印本「摧」同,四庫本作「摧」,也是「摧」字,電子檢索版誤識作「摧」耳。胡氏據《廣記》電子檢索版誤字〔註8〕,又改《神仙傳》文字,殊疏。《墉城集仙錄》卷 6 作「指山山摧,指樹樹折」,《真仙通鑑》後集卷 5 作「指山山摧,指木木折」,《三洞群仙錄》卷 5 引《女仙傳》作「指山山傾,指木木倒」。

(21)野火漲天,噓之即滅(「太玄女」條)

　　胡守為曰:野火,《漢魏》本作「吐火」,應如是。(P160)

　　按:胡說是也。《墉城集仙錄》卷 6、《廣記》卷 59、《真仙通鑑》後集卷 5 都作「吐火」。又《廣記》「漲」作「張」。

(22)又能生災火之中,衣裳不燃(「太玄女」條)

　　胡守為曰:生災,《漢魏》本作「坐炎」,是。「生災」形近「坐炎」而訛。(P161)

　　按:四庫本「災」作「炎」,本就是「炎」字,電子檢索版誤識作「災」耳。胡氏據電子檢索版立說,殊疏。胡氏校「生」作「坐」則是,《墉城集仙錄》卷 6、《廣記》卷 59、《真仙通鑑》後集卷 5 都作「坐炎火」。衣裳,《集仙錄》、《廣記》作「衣履」,《通鑑》作「衣服」。

(23)能合粉成雞子,吐之數十枚(「南極子」條)

　　胡守為曰:合,《漢魏》本、《御覽》卷 719 引、《真仙通鑑》卷 5、《三洞群仙錄》卷 15 引作「含」。下文云「吐之數十枚」,可知是含粉。「合」乃「含」之訛。(P162)

　　按:胡說是也。《書鈔》卷 135、《仙苑編珠》卷上、《雲笈七籤》卷 109 引均作「含」。

〔註8〕胡氏書當是複製《四庫》電子版修改而成,如卷 8「問慈形貌」,四庫本「貌」誤作「貌」,胡氏《校釋》第 276 頁亦誤作「貌」;第 341 頁引《廣記》卷 12「方民大悅」,四庫本如此,明刊本「方」作「萬」不誤;第 346 頁引《抱朴子內篇·黃白》「見根煎鉛錫」,四庫本如此,「錫」是「錫」誤;又如全書多處「搖」作俗譌字「搖」,亦與電子版合。皆絕非巧合者。

（24）取粉塗杯，呪之即成龜，煮之可食，腹藏皆具（「南極子」條）

　　胡守為曰：腹藏，《漢魏》本、《真仙通鑑》卷5作「腸臟」。「藏」可通「臟」。「腹藏」不如「腸臟」貼合，「腹」形近「腸」而訛。（P163）

　　按：胡說非是。《雲笈七籤》卷109引亦作「腸臟」，《御覽》卷931引亦作「腹藏」。「腹藏」不誤，指腹中所藏諸物，即內臟。「腸」是「腹」形誤。《御覽》卷943引《博物志》：「東海有物……名曰鮓魚，無頭目處所，內無腹藏。」〔註9〕西晉竺法護譯《慧上菩薩問大善權經》卷2：「體生瘡疥，上至頸項，腹藏亦痛，當服醫藥飲乳乃除，困（因）而獲差。」《法苑珠林》卷76：「焰鐵燒其舌，腹藏皆焦爛。」

（25）天大旱時，能至淵中召龍出，催促便昇天，即便降雨（「黃盧子」條）

　　胡守為曰：即便降雨，《漢魏》本作「使作雨」。（P165）

　　按：二「便」字，《雲笈七籤》卷109引作「使」，末句同《漢魏》本。「使」字是。

卷五

（1）同時共事鳴生者十二人，皆悉歸去，獨有長生不去，敬禮彌肅（「陰長生」條）

　　按：皆悉，《廣記》卷8同，《御覽》卷664引《靈寶赤書》亦同；《雲笈七籤》卷106引《陰真君傳》、《混元聖紀》卷7作「皆怨恚」。《雲笈》「悉」形誤作「恚」，復增「怨」字。

（2）乃將長生入青城山中，煮黃土而為金以示之，立壇四面，以《太清神丹經》受（授）之（「陰長生」條）

　　胡守為曰：立壇四面，《漢魏》本作「立壇西面」。《御覽》卷49引云「立壇唼血」，《真仙通鑑》卷13作「立壇歃血」。「四面」、「西面」是「歃血」之訛。（P174～175）

　　按：胡說是也。《太平寰宇記》卷149引亦作「立壇唼血」，《廣記》卷8

〔註9〕今本《博物志》卷3脫「腹」字。

引作「立壇西面」,《雲笈七籤》卷 106 引《陰真君傳》、《混元聖紀》卷 7 作「立壇歃血」。「嗟」同「歃」。

（3）然方以類聚，同聲相應，便自與仙人相尋索聞見（「陰長生」條）

按：相尋索聞見,《廣記》卷 8 引作「相集尋索聞見」,《雲笈七籤》卷 106 引《陰真君傳》作「相尋求聞見」。《雲笈》「類聚」誤作「嚴麗」,不知何故？

（4）不循求進，不營聞達（「陰長生」條）

胡守為曰：不循求進,《漢魏》本作「不修求進」。（P176）

按：《廣記》卷 8 引作「不修求進」,《雲笈七籤》卷 106 引《陰真君傳》、《真仙通鑑》卷 13 作「不修求友」。「循」當作「脩」。

（5）副之名山（「陰長生」條）

胡守為曰：副,《漢魏》本作「付」。（P177）

按：《廣記》卷 8 引作「付」,《御覽》卷 664 引《陰君自序》同；《雲笈七籤》卷 106 引《陰真君傳》作「副」。

（6）於是陰君裂黃素寫丹經，一通封以文石之函，著嵩山；一通黃櫃（櫨）簡，漆書之，封以青玉之函，置大華山；一通黃金之簡，刻而書之，封以白銀之函，著蜀經（綏）山；一通白縑書之，合為一卷，付弟子，使世世當有所傳付（「陰長生」條）

按：《御覽》卷 606 引「置大華山」之「置」作「著」。《廣記》卷 8 引二「著」作「置」字。《御覽》卷 664 引《陰君自序》「著嵩山」之「著」作「置」,「著蜀經山」則同此。著,猶言置也。《御覽》卷 606「黃素」誤作「黃表」。

（7）超跡蒼霄，乘虛駕浮（「陰長生」條）

胡守為曰：虛,《漢魏》本作「龍」。（P179）

按：《廣記》卷 8 引作「龍」。「虛」字是,《上清三尊譜錄》、《上清金書玉字上經》亦有「乘虛駕浮」語。《上清黃氣陽精三道順行經》「乘空駕浮」,《太上洞玄靈寶真文要解上經》「策空駕浮」,文義亦同。

（8）青腰承翼，與我為仇（「陰長生」條）

胡守為曰：青腰，《漢魏》本作「青雲」，誤。《廣記》卷 8 作「青要」。《雲笈七籤》卷 18《老子中經上》：「東方之神女名曰青腰玉女……左為常陽，右為承翼，此皆玉女之名也。」（P180）

按：玉女名「青腰」、「承翼」云云，當逕引《太上老君中經》卷上，不必據《雲笈七籤》轉引。「青要」即「青腰」，也作「青夭」、「青娛」，又稱作「青女」。「承翼」也作「承弋」、「乘弋」、「乘翼」〔註10〕。

（9）繼世而往在我盈，帝若學之臘嘉平（「茅君」條）

按：帝若，《三輔黃圖》卷 3、《史記秦始皇本紀》《集解》、《玉燭寶典》卷 12 並引《太元真人茅盈內記》同，《廣記》卷 5、《雲笈七籤》卷 110 並引《洞仙傳》亦同，《雲笈七籤》卷 96 引《巴謠歌》、卷 104 引《太元真人東嶽上卿司命真君傳》亦同；《諸真歌頌》、《上清道寶經》卷 4 誤作「帝君」。

（10）而使父母壽老，家門平安（「茅君」條）

按：老，《廣記》卷 13 引作「考」。

（11）請試術，乃平生入壁中去（「欒巴」條）

胡守為曰：「平生入壁」不可解。《漢魏》本、《雲笈七籤》卷 109 引作「平坐入壁」，「生」形近「坐」而訛。（P196）

按：胡說是也。《仙苑編珠》卷下、《廣記》卷 11 引亦作「平坐」，《雲笈七籤》卷 85、《真仙通鑑》卷 15 同；《書鈔》卷 77 引作「平座」。

（12）有廟神，能與人言語。巴到，推社稷，問其蹤由，乃老往齊為書生（「欒巴」條）

胡守為曰：老，《漢魏》本作「走」，「老」形近「走」而訛。（P197）

按：胡說是也。《仙苑編珠》卷下引亦作「走」。

（13）臣本鄉成都市失火，故為救之（「欒巴」條）

按：《仙苑編珠》卷下引「為」下有「雨」字，當據補。《類聚》卷 78 引作「本縣成都市上失火，臣故噀酒為雨以滅火」，亦有「雨」字。

〔註10〕參見蕭旭《古文苑校補》卷 4《太玄賦校補》。

（14）雖日宴坐而心鶩於外，營營然如飛蛾之赴霄燭，蒼蠅之觸曉牕，知往而不知返，知就利而不知避害（「欒巴」條）

按：南唐譚峭《化書》卷3：「天下賢愚，營營然若飛蛾之投夜燭，蒼蠅之觸曉牕，知往而不知返，知進而不知退，而但知避害而就利，不知聚利而就害。」《道樞》卷1：「天下賢愚，營營然如飛蛾之投夜燭，蒼蠅之觸曉窗，知往而不知返，知進而不知退。」「霄」當作「宵」，夜也。

（15）澄心清淨，湛然而無思時。導其氣，即百骸皆通（「欒巴」條）

按：「時」屬下句。《玄品錄》卷5引譚景昇《化書》：「一心湛然而無思。時導其氣，則百骸皆適。」「適」、「通」并可。

卷六

（1）容狀衰老，枯槁傴僂（「淮南王」條）

按：傴僂，《錄異記》卷1作「僂傴」。

（2）君無此事，日復一日，人間豈可捨哉（「淮南王」條）

按：君，《錄異記》卷1作「若」。八公稱劉安曰王，不曰君。「君」當作「若」，假設之辭。《廣記》卷8引作「王若無此事，日復一日，未能去世也」，文義尤豁。

（3）由是茂陵玉箱金杖，丹出人間（「淮南王」條）

胡守為曰：《漢武帝內傳》：「帝塚中先有一玉箱、一玉杖，此二物是帝所蓄用者，忽出在世間。」「丹」是「忽」之訛。（P205）

按：胡說非是。《錄異記》卷1「丹」作「再」，當據校正。再，猶言復也，重也。

（4）少君於是求隨安期，奉給奴役使任師事之（「李少君」條）

按：《漢武帝外傳》「使任」作「便聽」。「使」是「便」形誤，「任」、「聽」義同。《御覽》卷985《魯女生別傳》「少君求隨安期奉給奴役」，未引以下文字。此文當讀作：「少君於是求隨安期奉給奴役，便任師事之。」言安期生便聽任李少君師事自己也。

（5）周流五嶽，觀看江山（「李少君」條）

按：《漢武帝外傳》「山」作「川」。

（6）或時為吏，或作師醫治病，或時煦賃（「李少君」條）

胡守為曰：煦賃，當傭工。（P211）

按：煦賃，《漢武帝外傳》同。《抱朴子外篇·備闕》：「故姜牙賣煦無所售，而見師於文武。」孫星衍曰：「『煦』疑當作『漿』。舊寫本『煦』字空白，盧本作『魚』，妄改耳。」孫詒讓曰：「案：盧本固誤，然孫校亦非也。『賣煦』蓋謂賣傭。《戰國策·秦策》姚賈曰『太公望棘津之讎不庸』，即其事也。但以傭為煦，未詳其義。道藏本《漢武帝外傳》說李少君『或時煦賃』，亦用『煦』為『傭賃』字，疑晉、宋時俗語也。」楊明照曰：「《逸民篇》『呂尚……賣傭不售』，彼此係用一事，則『煦』當作『傭』矣。《酒誡篇》『煦（此依藏本等，平津本已改作『愚』）人所不免也』，《治要》卷50引『煦』作『庸』。『傭』之誤『煦』，正如『庸』之誤『煦』然也。」〔註11〕孫詒讓說近是，然孫氏未得本字。楊明照說「煦」是「傭」誤，然二字形、聲俱遠，無由致譌。「煦」作傭賃義，目前只見於葛洪的文字，疑是吳方言之變。余謂「煦」是「傲」轉語，傲亦賃也。至於《抱朴子·酒誡》「煦人」，「煦」是「悤」形誤，字亦作「怐」，愚也；《治要》引易作「庸」，指平庸，以近義詞改之也，與「傭賃」義殊。

（7）聞帝招募方士，特敬道術（「李少君」條）

按：《漢武帝外傳》「特」作「待」。「待」是「特」形誤。

（8）逮先師安期先生授臣口訣，是以保黃物之可成也（「李少君」條）

按：《漢武帝外傳》同，《類聚》卷78引《漢武內傳》作「遂生奇光師安期授臣口訣，是以保萬物之可成也」，訛誤不通。

（9）於是引見，甚尊敬之，賜遺無數，為立屋地（「李少君」條）

按：《漢武帝外傳》「地」作「第」，《類聚》卷78引《漢武內傳》同，此

〔註11〕楊明照《抱朴子外篇校箋》，中華書局1997年版，第454頁。諸家說亦轉引自此書。

文當據校正。《神仙傳》卷9：「吳王詔徵象到武昌，甚敬重之，稱為介君，為象起第宅。」「屋第」即「第宅」也。

（10）於是招訪道術，無遠不至，精誠感神，天神斯降（「李少君」條）

按：《漢武帝外傳》「訪」作「誘」，「感神」作「感靈」。「誘」是「訪」形誤。

（11）自非宿命所適，孰能偕合（「李少君」條）

按：《漢武帝外傳》「偕」作「諧」。偕，讀為諧。

（12）萬里有不歸之魂，市朝有流血之刑（「李少君」條）

胡守為曰：《漢魏》本「市朝」作「市曹」，市曹是古代處決犯人場所，似更合文意。《三洞群仙錄》卷7引作「萬里有不歸之魂，市朝有流血之鬼」。（P213～214）

按：上句無異文，下句《仙苑編珠》卷中引作「市朝有漂血之刑」，《廣記》卷9引作「市曹有流血之刑」，《漢武帝外傳》作「市朝有流血之形（刑）」。「市朝」不誤，偏指市耳。

（13）先師安期先生昔所賜金丹之方，信而有徵，若按節度，奉法戒，爾乃可備用之焉（「李少君」條）

按：《漢武帝外傳》「備」作「修」。「備」是「脩」形誤〔註12〕。《真誥》卷10：「此頗似太靈真人法，可兼修用之。」

（14）帝聞之，使發其棺，棺中無所復有（「李少君」條）

按：《漢武帝外傳》「使」作「便」。「便」是「使」形誤。《抱朴子內篇·論僊》作「帝令人發其棺，無尸，唯衣冠在焉」。使亦令也。

（15）見仲宿有固疾（「李少君」條）

按：固，《御覽》卷724引同，《廣記》卷9引脫，《漢武帝外傳》形誤作「困」。

〔註12〕柴紅梅《〈神仙傳〉異文釋例》已及之，《古籍整理研究學刊》2010年第6期，第70～71頁。

（16）百卉華體（「李少君」條）

按：華體，《御覽》卷 724 引作「華釀」，《廣記》卷 9 引作「花釀」，《漢武帝外傳》作「華醴」。「體」是「醴」形誤，「釀」義同。百卉華體指蜂蜜，又稱作「百花醴」、「百華醴」，分別見《抱朴子內篇·黃白》、《雜應》。唐·梅彪《石藥爾雅》卷上《飛鍊要訣·諸藥隱名》：「蜜，一名百卉花醴，一名眾口華芝。」《書鈔》卷 147 引劉根《墨子枕內記》：「百花醴者，蜜也。」《御覽》卷 857 引劉根《墨子枕中記鈔》：「百花醴，蜜。」

（17）王真，字叔堅，上黨人也（「王真」條）

胡守為曰：叔堅，《漢魏》本作「叔經」。《後漢書·王真傳》李賢注引《漢武內傳》曰：「王真，字叔經。」（P218）

按：《漢武帝外傳》作「叔堅」。「真」同「貞」（下文即作「貞」），堅固也，故作「字叔堅」為長。

（18）採薪而行歌曰：「巾金巾，入天門。呼長精，噏玄泉。鳴天鼓，養泥丸。」（「王真」條）

按：噏，《漢武帝外傳》同，《雲笈七籤》卷 104 作「歙」，《雲笈七籤》卷 110 作「吸」。歙，讀為噏，同「吸」。

（19）貞讀此書而不解其旨，逐搜問諸所在道士，經年而遇有解其旨者（「王真」條）

胡守為曰：逐，依次也。（P220）

按：胡說非是。《漢武帝外傳》「逐」作「遂」。「逐」是「遂」形誤。遂，猶言於是。

（20）斷穀二百餘年，肉色光美，徐行及馬，力兼數人（「王真」條）

按：光，《後漢書·王真傳》李賢注引《漢武內傳》同，《漢武帝外傳》作「充」。「光」是「充」形誤，《雲笈七籤》卷 78 引《十六主安神強記方》：「服九年，聰慧若神，顏色充美。」

（21）孟節能合棗核，以不食至十年（「王真」條）

胡守為曰：合，《漢武帝外傳》作「含」。《後漢書·郝孟節傳》：「孟節能含棗核不食，可至五年十年。」合，閉也，與「含」義同。（P221）

按：胡說「合」與「含」義同，非是，全乖訓詁之理。《御覽》卷 965 引謝承《後漢書》亦作「含」。「合」是「含」形誤。《太上洞玄靈寶五符序》卷中：「樂子長含棗核方：長生之道，常含一棗核……口與氣俱入，名曰還精。」《養性延命錄》卷下：「若恒含棗核咽之，令人愛氣生津液，此大要也。」

（22）魏武帝為立茅舍，使令諸方士（「王真」條）

按：《漢武帝外傳》「令」作「領」，餘同。「令」是「領」省文，《後漢書·王真傳》亦作「領」。「茅」當是「茅」形誤，「茅」同「第」〔註 13〕。《三國志·孫權傳》：「權於蒼龍門外為立第舍。」

（23）劉綱……與妻樊夫人俱得道術，二人俱坐林上，綱作火燒屋，從東邊起，夫人作雨，從西邊上，火滅（「劉綱」條）

胡守為曰：林上，《仙苑編珠》卷下引作「床上」。《漢魏》本作「堂上」，本書「樊夫人」亦云「俱坐堂上」，坐堂上纔合作火燒屋場景。（P224）

按：《仙苑編珠》卷下引作「牀上」。「林」是「牀」形誤〔註 14〕。

（24）路值虎，以面向地，不敢仰視（「劉綱」條）

按：向地，《墉城集仙錄》卷 6、《真仙通鑑》後集卷 4 同，《御覽》卷 766 引作「迫地」。

（25）將昇天，縣廳側先有大皂莢樹，綱昇樹數丈，力能飛舉。夫人即平坐床上，冉冉如雲炁之舉（「劉綱」條）

按：力能飛舉，《墉城集仙錄》卷 6 同；《廣記》卷 60、《真仙通鑑》後集卷 4 引「力」作「方」，宋刊本《記纂淵海》卷 188 引《女仙傳》同〔註 15〕。「力」是「方」形誤。

（26）及其搶拾，不取大穗（「焦先」條）

胡守為曰：搶拾，《三國志·胡昭傳》裴松之注引《魏略》作「捃拾」。

〔註 13〕相譌之例參見蕭旭《韓非子校補》，花木蘭文化出版社 2015 年版，第 198～199 頁。

〔註 14〕黃泟青《〈神仙傳校釋〉拾補七則》已及之，《書品》2014 年第 1 期，第 116 頁。

〔註 15〕四庫本《記纂淵海》在卷 86。

捃，撿取也。「搶」為「捃」之訛。（P236）

　　按：胡說是也。《御覽》卷824引《魏略》作「捃拾」。「捃」乃「攎」俗字，字亦作「攎」。又《御覽》「取」誤作「失」。

（27）乃出自作一瓜牛廬，淨掃其中，營木為床，而草褥其上（「焦先」條）

　　胡守為曰：瓜牛，《三國志・胡昭傳》裴松之注：「以為『瓜』當作『蝸』。蝸牛，螺蟲之有角者也，俗或呼為黃犢。先等作圜舍，形如蝸牛蔽，故謂之蝸牛廬。」《爾雅翼》卷30：「魏隱者焦先自作一瓜牛廬，瓜即蝸也。為廬舍，圓而小如蝸牛之殼云。蝸牛之殼，乃是區量中之最小者。」（P236）

　　按：「瓜」是「蝸」同音借字，《白帖》卷7、《御覽》卷708引《魏略》作「瓜牛廬」作「蝸牛廬」，《白帖》卷24作「蝸舍」。「踻」或作「瓡」，「睸」或作「眡」，「騧」或作「駈」，皆其比也。《三國志・胡昭傳》裴松之注引《魏略》「而草褥」作「布草蓐」，《御覽》卷708引《魏略》作「布蓐」。「而」是「布」形誤。《御覽》卷708「營」作「榮」，借字。

（28）登乃曰：「子識火乎？生而有光而不用其光，果在於用光。人生而有才而不用其才，果在於用才。故用光在乎得薪，所以保其體用；才在乎識貞，所以全其生。」（「孫登」條）

　　按：「體」下「用」字當屬下句。《晉書・孫登傳》：「故用光在乎得薪，所以保其耀；用才在乎識真，所以全其年。」

卷七

（1）能夜書，在寢室中身生光，點左右（「東郭延」條）

　　胡守為曰：《三洞群仙錄》卷3引作「夜書在冥室中（引者按：「在冥室中」屬下句），身皆生光，有（引者按：原文作「又」）能遠望見平地數十里上小物，知其采色」。《御覽》卷662引《三洞珠囊》作「能在暗室中夜書，又身生光，遠照小物，見其采色」。而《三洞珠囊》卷8引《神仙傳》云：「能夜書，在暝室中身生光，光照左右也。」《仙苑編珠》卷下引作「能夜書，在暗室中身生光明，照耀左右」。《漢武帝外傳》作「能夜書，在寢室中身生光，照左右」。「寢室」應作「暗室」。「點」形近「照」而訛。（P242～243）

按：校「點」作「照」，是也。校「寢」作「暗」，則無據。「寢室」一般昏暗，其義近於「暗室」、「冥室」，不煩改作。

（2）一旦有數十人乘虎豹之來迎之，鄰盡見之（「東郭延」條）

胡守為曰：《御覽》卷38引作「有數十人乘虎豹來迎，比鄰盡見之」，《漢武帝外傳》同。「之來」之「之」是衍文，「鄰」應作「比鄰」。（P243）

按：《漢武帝外傳》「來」上亦衍「之」字，胡氏誤校。《仙苑編珠》卷下、《三洞群仙錄》卷3引「來」上均無「之」字。《外傳》、《群仙錄》「鄰」上亦有「比」字。

（3）仙人告此是松脂耳，此山中更多此物，汝鍊服之，可以長生不死（「趙瞿」條）

按：《抱朴子內篇・仙藥》「告」下有「之曰」二字，當據補。道藏本《抱朴子》「更」作「便」，四部叢刊影嘉靖四十四年魯藩刊本同，宋王十朋《東坡詩集註》卷19、《本草綱目》卷34引亦同；重刊道藏輯要本、四庫本、平津館叢書本、萬有文庫本作「更」，《廣記》卷414引同。「更」是「便」脫誤，胡氏未校，王明亦失校〔註16〕。

（4）夜臥，忽見臺間有光，大如鏡者（「趙瞿」條）

按：臺，《抱朴子內篇・仙藥》作「屋」，《廣記》卷414、《本草綱目》卷34引同。「臺」是「室」形誤。

（5）倩平吉者，沛人也。漢初入山得道，至光武時不老，後託形尸假，百餘年却還鄉里也（「倩平吉」條）

胡守為曰：後託形尸假，《漢魏》本作「後尸解去」。「尸假」應作「尸解」。（P260）

按：胡說非是。《仙苑編珠》卷下同此作「尸假」，《御覽》卷664引《登真隱訣》、《雲笈七籤》卷85同《漢魏》本。陶弘景《太上赤文洞神三籙》：「屍假法：右以五方印搯定燒灰，香水調服七日……第七日便死，或死十年不礙。」鄭思遠《真元妙道要略》：「若修太極靈劫，及枕中五行、白虎七變、尸假隱遁，亦可漸契高真。」「尸假」是「尸解」轉語。《淮南子・原道篇》：

〔註16〕王明《抱朴子內篇校釋》，中華書局 1985 年版，第 206 頁。

「一之解，際天地。」《文子·道原》「解」作「嘏」，此其音轉之證。《真誥》卷 16：「有即身地仙不死者，有託形尸解去者。」

（6）偉乃與伴謀摳笞杖之，妻輒知之（「程偉妻」條）

按：《抱朴子內篇·黃白》「杖」作「伏」。「杖」是「伏」形誤。

（7）曾見比舍家抱一兒，從求抱之，失手而墮地，即死（「薊子訓」條）

按：《漢武帝外傳》「而」作「兒」，則「兒墮地」三字為句。

（8）又諸老人髮必白者，子訓但與之對坐共語，宿昔之間，則明旦皆髮黑矣（「薊子訓」條）

胡守為曰：必白，全白也。（P267）

按：《漢武帝外傳》「必」作「畢」。「必」乃借字。「共語」下逗號當刪。

（9）書生父母相謂曰：「薊先生雖不如期，至要是往也。」（「薊子訓」條）

按：「至」字當屬上句，胡氏失其讀也。

（10）定後日，書生歸，推計之，子訓以其日中時到京師，是不能半日行千餘里（「薊子訓」條）

按：定，猶言及也、至也〔註17〕。下文「定明日相參問，同時各有一子訓」，亦同。

（11）子訓既少君鄉里弟子，微密謹慎，思證道奧，隨時明匠，將足甄綜眾妙矣（「薊子訓」條）

胡守為曰：時，順承也。（P268）

按：「時」訓順承，是順敘義，於文不安。《漢武帝外傳》「時」作「侍」。「時」乃「侍」借字，侍奉也〔註18〕。

〔註17〕參見蕭旭《古書虛詞旁釋》，廣陵書社 2007 年版，第 240～241 頁。

〔註18〕柴紅梅《〈神仙傳〉異文釋例》已及之，《古籍整理研究學刊》2010 年第 6 期，第 72 頁。

卷八

（1）一：金籙，調和陰陽，寶鎮國祚（「葛玄」條）

按：寶，讀作保，安也。「保鎮國祚」、「安鎮國祚」是道經成語。《太上三十六部尊經》卷5：「夫金籙科品，保鎮國祚，消災延壽。」《北極真武普慈度世法懺》卷5：「金籙齋，調和陰陽，保鎮國祚」

（2）吳大帝要與相見，欲加榮位，玄不枉，求去不得，待以客禮（「葛玄」條）

胡守為曰：枉，往也。（P274）

按：胡說無據。《廣記》卷71引「要」作「請」，「枉」作「聽」。《玄品錄》卷2「要」同，「枉」亦作「聽」。要，讀作邀。「枉」蓋「許」形誤。

（3）曹公令所在普逐之，如見便殺（「左慈」條）

按：《廣記》卷11引作「公令普逐之，如見便殺」，《雲笈七籤》卷85作「曹公令捕得，逐人便斬」，《真仙通鑑》卷15作「操令捕得，逐人便斬」。此文及《廣記》「普」是「捕」音誤。彼二書「得逐」當乙，以「捕逐」連文。

（4）表曰：「道人單僑，吾軍人眾，非道人所能餉也。」（「左慈」條）

胡守為曰：單僑，《書鈔》卷123「逐左慈」條補注作「卑僑」，均意為僑居卑下之人。（P282）

按：胡氏《引書目錄》第2頁稱《書鈔》用南海孔氏本，今檢《書鈔》卷123「逐左慈」條孔本引《神仙傳》作「孫討逆著鞭駐馬操矛逐左慈，欲刺之。慈著木履，挂（拄）竹杖徐步，終不及也」，與此不涉，而四庫本補案引此文作「卑僑」。胡氏解作「僑居卑下之人」，亦是臆說。《廣記》卷11、《真仙通鑑》卷15引均作「單僑」。單僑，猶言單獨客居〔註19〕。

（5）吳有徐隨者，亦有道術（「左慈」條）

胡守為曰：徐隨，《漢魏》本作「徐墮」。（P283）

〔註19〕參見方一新、柴紅梅《〈神仙傳〉的詞彙特點與研究價值》，《古漢語研究》2010年第1期，第26頁。

按：《類聚》卷 89、《御覽》卷 900、959、《事類賦注》卷 22 引均作「徐隨」。《廣記》卷 11、《三洞群仙錄》卷 15、《真仙通鑑》卷 15 作「徐墮」。墮、隨古字通，《類聚》引下文則作「墮」字。

（6）客詐慈云（「左慈」條）

胡守為曰：客詐慈，《漢魏》本作「欺慈」。（P283）

按：《類聚》卷 89、《御覽》卷 900、959、《事類賦注》卷 22、《廣記》卷 11、《真仙通鑑》卷 15 引均作「欺慈」。下文「吾欺之，言公不在」，亦作「欺」字。

（7）諸客分布逐之，及慈，羅列叩頭謝之（「左慈」條）

胡守為曰：羅列，《漢魏》本作「羅布」。（P283）

按：《廣記》卷 11、《真仙通鑑》卷 15 引「羅列」作「羅布」。

（8）慈著木屐，持青竹杖，徐徐緩步（「左慈」條）

胡守為曰：《漢魏》本作「慈在馬前，著木屐，掛（引者按：當作「拄」）一竹杖，徐徐而行」。（P284）

按：《廣記》卷 11 引同《漢魏》本。《仙苑編珠》卷上引作「慈著木履，竹杖，徐徐而行」，《書鈔》卷 123 引作「慈著木履，拄竹杖，徐步」，《書鈔》卷 136 引作「慈著木屐，策杖，徐行」，《御覽》卷 353 引作「慈着木履，策杖，徐步」，《真仙通鑑》卷 15 作「慈著木履，拄一竹杖，徐徐而行」。「掛」當是「拄」形誤〔註20〕，《通鑑》不誤。《編珠》脫「拄」字。策，扶也。字亦作捿、擽，P.5531《大唐刊謬補闕切韻》：「擽，扶擽，亦作捿。」「擽」是「擽」俗寫。P.2011 王仁昫《刊謬補缺切韻》：「捿，扶。」《玉篇》：「擽，扶擽也。」又「捿，扶捿。」《集韻》：「擽、捿，扶也，或省。」

（9）送知其有道，乃止（「左慈」條）

胡守為曰：送，《漢魏》本無此字，疑應作「遂」。（P284）

按：胡說殊誤。上文「權侍臣謝送知曹公、劉表皆忌慈惑衆，復譖於權，欲使殺之」，「送」即孫權侍臣謝送。胡氏不知「謝送」是侍臣姓名，於「權」、

〔註20〕張國鳳《太平廣記會校》已據陳鱣校錄之宋本《廣記》校「掛」作「拄」，北京燕山出版社 2008 年版，第 157 頁。

—737—

「曹公」、「劉表」、「慈」旁均標示人名專名線，而「謝送」旁則否〔註21〕。

（10）慈告葛仙公言，當入霍山中合九轉丹（「左慈」條）

按：「言」字當屬下句。

（11）其行治病，但以八尺布帊，敷坐於地，不飲不食，須臾病癒（「王遙」條）

胡守為曰：帊，帳也。（P286）

按：胡說非是。「帊」下逗號當刪去。《仙苑編珠》卷上、《三洞珠囊》卷1引「帊」作「帕」，字同。帊，三幅（一說二幅）寬的布帛〔註22〕。《書鈔》卷136引「敷」作「置」。

（12）其有邪魅作禍者，遙畫地作獄，因召呼之，皆見其形物入在獄中（「王遙」條）

按：因，《廣記》卷10、《三洞群仙錄》卷17引同，《三洞珠囊》卷1引誤作「囚」。

（13）遙使錢以九節杖擔此篋（「王遙」條）

按：《能改齋漫錄》卷7引「擔」作「負」，《御覽》卷663引劉向《列仙傳》同。

（14）將錢出，冒雨而行，遙及弟子衣皆不濕（「王遙」條）

胡守為曰：皆不濕，《漢魏》本此句後有「所行道非所曾經」等語。（P287）

按：《廣記》卷10引亦有「所行道非所曾經」句，《御覽》卷663引劉向《列仙傳》有「所道非所曾經」句。四庫本脫也。

（15）登小山，入石室，室中先有二人（「王遙」條）

胡守為曰：先，《漢魏》本無。（P287）

按：《廣記》卷10引亦無「先」；《御覽》卷663引劉向《列仙傳》則有，

〔註21〕 黃沚青《〈神仙傳校釋〉拾補七則》已及之，《書品》2014年第1期，第117頁。

〔註22〕 黃沚青《〈神仙傳校釋〉拾補七則》已及之，《書品》2014年第1期，第117頁。

《真仙通鑑》卷 5 同。《漢魏》本承《廣記》脫也。

（16）永伯有兄子名增族（「陳永伯」條）

按：增族，《九轉流珠神仙九丹經》卷下作「增秩」，疑是。

（17）武帝愛其方，賜之金帛（「太山老父」條）

胡守為曰：《漢魏》本作「帝受其方」。「愛」當是「受」之訛。（P290）

按：胡說是也。《御覽》卷 39、《廣記》卷 11、《佛祖統紀》卷 35 引並作「受」。又《御覽》「金」作「縑」，《廣記》作「玉」。

（18）後棄世道，遁入嵩高山石室中（「劉根」條）

胡守為曰：《漢魏》本作「後棄世學道」。四庫本脫「學」字。（P301）

按：胡說是也。《御覽》卷 373、《廣記》卷 10、《三洞群仙錄》卷 12、《吳郡圖經續記》卷中引有「學」字，無「遁」字，《類聚》卷 7 引《劉根別傳》、《搜神記》卷 1、《仙苑編珠》卷下同。《神仙傳》卷 10「（黃敬）後棄世學道於霍山」，亦足佐證。諸書無「遁」字，四庫本「遁」當涉「道」形誤而衍，《御覽》卷 662 引下句，亦無「遁」字。《三洞珠囊》卷 5 引《道學傳》「張天師棄家學道，負經而行，入嵩高山石室」，文例相同。

（19）諸吏先使人以此意報根（「劉根」條）

按：《廣記》卷 10 引「報」作「達」，此句下復有「欲令根去，根不聽」七字。「達」是「報」形誤。

（20）祈令根前使庭下五十餘人，將繩索鞭杖立于根後（「劉根」條）

按：當讀作：「祈令根前，使庭下五十餘人將繩索鞭杖立于根後」。胡氏未得其讀。

（21）祈厲聲問曰（「劉根」條）

按：《廣記》卷 10 引「厲」作「烈」。厲、烈，正、借字，一聲之轉耳。

（22）遂借祈前筆硯，書作符，扣階鋒，錚然作銅聲（「劉根」條）

胡守為曰：階鋒，階角也。《搜神記》卷 1 作「借府君前筆硯書符，因以叩几」。《漢魏》本作「借筆硯，及奏按，鏘鏘然作銅鐵之聲」。「奏按」似是

「叩（或『扣』）案」之訛。（P303）

按：四庫本「階鋒」作「堦鋒」。《廣記》卷 10 引同《漢魏》本。《初學記》卷 21 引《劉道士傳》作「借府君前筆硯，因書奏以扣几」。「階鋒」不辭，「鋒」當是「墀」形誤，墀亦階也。「堦（階）墀」是六朝成語，例多不勝枚舉。「奏」字不誤，指奏符。《神仙傳》卷 9「公度為書一奏符著鳥鳴處」，即此「奏」字。「按」是「桉（案）」形誤，指几案。「及奏按」當作「及奏叩案」，脫「叩」字。「錚然」是「鎗然」轉語，P.2011 王仁昫《刊謬補缺切韻》「傖」、「鏧」同音助庚切，《廣韻》「傖」、「崢」亦同音助庚切；「崢嶸」轉作「傖儜」，「鏧鬃」轉作「傖囊」、「搶攘」，皆其音轉之證。

（23）將一科車直從壞壁中入到廳前（「劉根」條）

胡守為曰：《宋書・禮志五》：「車無蓋者曰科車。」（P303）

按：科，光禿也，故謂車無蓋者曰科車也。猶謂光頭曰科頭，無角之兒曰科雉（兒）。《廣記》卷 10 引無「科」字，蓋以不知其誼而刪之。

（24）上有一老公一老姥，反縛囚系，大繩的頭（「劉根」條）

胡守為曰：大繩的頭，《漢魏》本作「大繩反縛囚之，懸頭廳前」。大繩意為面縛。《書鈔》卷 135《的》云：「以單注面曰的。」的，灼也。的頭或是以丹灼頭。《三國志・齊王紀》有「的頭面縛」等語，乃俘囚形狀。（P303）

按：「以丹注面曰的」之「的」音灼，字亦作黝，顯非其誼，胡氏亂引。《三國志》「的頭面縛」，易培基曰：「的頭，《通志》作『科頭』。」〔註23〕盧弼曰：「旳，宋本作『的』，或疑作『拘』。潘眉曰：『似當為靮，言羈靮其頭。』」〔註24〕趙幼文曰：「《文選・七發》『九寡之珥以為約』，李注：『《字書》曰：「約亦的字也。」都狄切。』是『的』、『約』古通。《說文》：『約，纏束也。』則『的頭』謂以繩聯繫其首。」〔註25〕吳金華曰：「『的頭』可讀為為『靮頭』，無煩改字。」〔註26〕《通志》見卷 7，科頭猶言光頭，非其誼，鄭樵不得其解

〔註23〕易培基《三國志補注》卷 4，臺北藝文印書館 1955 年版，第 91 頁。

〔註24〕盧弼《三國志集解》卷 4，中華書局 1982 年版，第 146 頁。潘眉說見《三國志考證》卷 2，收入《續收四庫》第 274 冊，上海古籍出版社 2002 年版，第 438 頁。

〔註25〕趙幼文《三國志校箋》，巴蜀書社 2001 年版，第 189 頁。

〔註26〕吳金華《三國志校詁》，江蘇古籍出版社 1990 年版，第 36 頁。

而妄改。「靮」是馬韁，無動詞用法，潘眉說非也。趙幼文說是。《方言》卷
13：「葯，薄也。」郭璞注：「謂薄裹物也。葯猶纏也。音決的。」「薄」即「縛」
〔註27〕。郭氏讀葯為「決的」之「的」。「葯」即「約」，故訓纏束、纏裹。「的
頭」即「約頭」，指纏束其頭髮。《北史·列女傳》：「男兒要當辮頭反縛，蓬蒾
上作獠舞。」又《恩幸傳》：「自餘皆辮頭反縛，付趙彥深於涼風堂推問，死者
十餘人。」《出曜經》卷11：「或倒懸於樹經於七日以箭射殺，或生革絡頭反
縛野地（駝）上棄之曠野。」「約頭」即「絡頭」、「辮頭」，謂辮其頭髮而束縛
之也。《佛說立世阿毘曇論》卷8：「為王人所錄，編頭面縛。」編亦辮也。《太
上金書玉牒寶章儀》：「出下部使者的頭反縛吏官各二人。」《正一出官章儀》
作「連頭反縛」。「的頭」即「連頭」〔註28〕，連亦謂連其髮也。《舊唐書·吐
蕃列傳》：「既已面縛，各以一木自領至趾約於身，以毛繩三束之，又以毛繩
連其髮而牽之。」

（25）尋失車所在，根亦隱去（「劉根」條）

按：《廣記》卷10引「尋」作「既」。

（26）見一人乘白鹿，從千餘人，玉女左右四人，執彩旄之節（「劉根」條）

按：《廣記》卷10引作「見一人乘白鹿車，從者十餘人，左右玉女四人
執采旄之節」，《三洞群仙錄》卷12脫「四人」二字，餘同。此文當據《廣記》
校補。《文選·日出東南隅行》李善注引作「見一人乘白鹿，從十餘玉女」，亦
有脫誤，但「十」字不誤。

（27）汝今髓不滿，血不煖，氣少腦減，筋急肉沮，故服藥行氣不得其力（「劉根」條）

胡守為曰：筋急，謂筋攣縮不得伸也。《漢魏》本作「筋息」。《雲笈七籤》
卷14《黃庭遁甲緣身經》云：「肝虛則筋急。」沮，壞也。（P304）

按：《廣記》卷10引作「筋息」，「息」是「急」形誤。

〔註27〕參見徐復《方言補釋》，收入《徐復語言文字學論稿》，江蘇教育出版社1995
年版，第21頁。
〔註28〕此例由劉傳鴻博士檢示，謹致謝忱！

卷九

（1）常懸一空壺於坐上（「壺公」條）

胡守為曰：於坐上，《漢魏》本作「於屋上」。（P311）

按：《廣記》卷 12 引亦作「於屋上」，《初學記》卷 26、《御覽》卷 394、860 引作「於坐上」，《後漢書·費長房傳》作「於肆頭」，均無「空」字。「屋」是「座」形誤。

（2）長房乃日日自掃公座前地，及供饌物（「壺公」條）

胡守為曰：及供饌物，《御覽》卷 860 引作「并進餅」。（P312）

按：《初學記》卷 26 引亦作「并進餅」，《御覽》卷 394 引作「并進餅餌」。

（3）公往撰之曰（「壺公」條）

胡守為曰：撰，握也。《漢魏》本、《御覽》卷 51 引、《後漢書·費長房傳》作「撫之」。（P314）

按：《廣記》卷 12、《事類賦注》卷 7 引亦作「撫之」，宋刻《冊府元龜》卷 876 同。撰無握訓，胡說無據。「撰」當是「撫」形誤。

（4）長房辭去，騎杖忽然如睡，已到家（「壺公」條）

胡守為曰：《漢魏》本作「房騎竹杖辭去，忽如睡覺，已到家」。（P314）

按：《廣記》卷 12 引同《漢魏》本。《廣記》非「睡覺」連文，「覺」字當屬下句，四庫本脫「覺」字，《初學記》卷 30、《御覽》卷 710、930 引亦脫。覺，指睡醒。此文「騎杖」下當加逗號。

（5）長房呵曰：「汝死老鬼，不念溫涼。」（「壺公」條）

胡守為曰：溫涼，《漢魏》本作「溫良」，《御覽》卷 932 引作「良善」。「涼」應作「良」。（P315）

按：《廣記》卷 12、《三洞群仙錄》卷 8 引作「溫良」。「涼」是「諒」形誤，借作「良」。

（6）晉永康元年十二月，道洛陽城西一家求寄宿（「尹軌」條）

胡守為曰：道，路過。《說郛》卷 69《歲華紀麗》卷 4 引作「尹軌晉泰（永）康元年臘日，過洛陽城西一家求宿」。（P321）

按：《歲華紀麗》今尚存秘冊彙函等版本，不煩據《說郛》轉引。《仙苑編珠》卷中引作「晉永康中，過洛陽，投宿」。

（7）有人遭大喪當年，而貧窮不及（「尹軌」條）

胡守為曰：《漢魏》本作「遭喪當葬，而貧汲汲無以辦」，《御覽》卷 812 引作「遭父喪當葬，而貧窮汲汲」。「年」為「葬」之訛。「不及」應作「汲汲」。（P322）

按：胡說是也。《廣記》卷 13 引同《漢魏》本。又「大」當作「父」。《廣記》脫「父」字。

（8）當陪負官錢百萬（「尹軌」條）

胡守為曰：陪，同「賠」。（P323）

按：胡說是也，而猶未盡。俗字作「賠」，字亦作「倍」，音轉則作「負」、「備」。睡虎地秦墓竹簡《秦律十八種·金布律》：「縣、都官坐效、計以負賞（償）者，已論，嗇夫即以其直（值）錢分負其官長及冗吏。」「負償」亦即「賠償」。「負」是本字，由承擔義引申作賠償義。此文「陪負」則是音轉合成的複音詞，《御覽》卷 812 引則作單音詞「備」，《廣記》卷 13 引則作單音詞「負」。

（9）聞九丹之經，周遊數千里求之（「介象」條）

按：《廣記》卷 13 引作「聞有五丹經，周旋天下尋求之」，《御覽》卷 663 引《道學傳》作「聞有還丹經，周疑天下」。「遊」、「疑」均「旋」形誤。《神仙傳》卷 6：「遂不肯仕，周旋天下求解此方。」「五丹經」當作「九丹經」，習見於道經。

（10）有一虎往舐象（「介象」條）

胡守為曰：舐象，《漢魏》本作「舐象額」。（P327）

按：《廣記》卷 13 引同《漢魏》本。《御覽》卷 892 引作「砥象額」，《事類賦注》卷 20 引作「舐象額」。「舐」是「舐」異體字，「舐」是「舐」俗訛字。「砥」又「舐」形誤字。

（11）常住弟子駱延雅合（「介象」條）

胡守為曰：「合」通「閤」，賓客住所。《漢魏》本作「駱廷雅舍」，《真仙

體通鑑》卷 15 作「樂延雅舍」。（P328）

　　按：胡說「合」通「閣」，非是。《廣記》卷 13 引同《漢魏》本。《御覽》卷 663 引《道學傳》作「嘗往弟子駱延雅舍」。「合」當是「舍」形誤〔註29〕，「廷」是「延」形誤，「往」是「住」形誤。常，讀為嘗，曾也，《御覽》引作「嘗」。

（12）惟下平牀中有書生數人共論《書》《傳》事（「介象」條）

　　胡守為曰：《漢魏》本、《真仙體通鑑》卷 15 作「帷下平牀」。「惟」通「帷」。（P328）

　　按：惟下平牀，《廣記》卷 13 引作「帷下屏牀」，《御覽》卷 663 引《道學傳》作「帷下平牀」。「屏」是「平」音誤。

（13）但令人於殿中庭方堷，者水滿之（「介象」條）

　　胡守為曰：方堷，掘土作坑。《建康實錄》卷 2 注引《吳錄》作「堷」，《廣記》卷 466 引作「坎」，義同。坑地謂之堷。者水，《建康實錄》卷 2 注引《吳錄》作「灌水」，《廣記》卷 466、《御覽》卷 862 引俱作「汲水」，《仙苑編珠》卷上引作「著水」，義同。「者」形近「著」而訛。（P328～329）

　　按：《三國志》卷 63 裴松之注引作「乃令人於殿庭中作方堷，汲水滿之」（《御覽》卷 862 引同，唯「堷」作俗譌字「塔」；《御覽》卷 977 引亦同，唯「堷」易作「坑」），《仙苑編珠》卷上引作「象於殿庭作一方坎，著水」，《御覽》卷 937、《事類賦注》卷 29 引作「乃於殿前作方坎，汲水滿之」，《廣記》卷 466 引作「乃於殿庭作坎，汲水滿之」（《類聚》卷 96 引《汝南先賢傳》同），《白帖》卷 5 作「令于殿前庭中作方坎，汲水滿之」（未列出處），《建康實錄》卷 2 注引《吳錄》作「因堷地，灌水其中」，《廣記》卷 76 引《建康實錄》作「請於殿前作方坎，汲水滿之」，宋刻《冊府元龜》卷 876 作「乃令人於殿中作方堷，汲水滿之」，《會稽志》卷 15 作「乃作方堷，汲水滿之」，《真仙通鑑》卷 15「但令於殿中庭方堷，著水滿之」。胡氏說「者」當作「著」是也，但說「坑地謂之堷」則無據。著，置也。「塔」是「堷」形誤，「堷」同「坎」。此文「方堷」前脫「作」字〔註30〕，「中庭」即「庭中」。《廣記》卷 85 引《稽

〔註29〕劉傳鴻博士也有此說。
〔註30〕劉傳鴻博士也有此說。

神錄》說劉處士「劉使掘小坎，汲水滿之」，其事相類，「作方塯」即是「掘小坎」也。動詞「作」斷不可缺。

（14）象曰：「故為陛下取作鱠，安不可食？」仍使厨人切之（「介象」條）

按：仍，《三國志》卷 63 裴松之注、《御覽》卷 862、977、《廣記》卷 466 引作「乃」，《類聚》卷 96 引《汝南先賢傳》、宋刻《冊府元龜》卷 876 同。又裴注及《御覽》二引「厨人」作「厨下」。「仍」是「乃」形誤。

（15）象在吳，連求去，先主不許（「介象」條）

胡守為曰：《齊民要術》卷 10 引作「速求去」。（P331）

按：連，《類聚》卷 86、《御覽》卷 551 引同，《御覽》卷 664 引亦作「速」。「速」是「連」形誤。繆啟愉亦失校〔註31〕。

卷十

（1）罷去，五十餘年復為他職，行經侯官（「董奉」條）

胡守為曰：罷去，《漢魏》本作「罷官去」。（P336）

按：《廣記》卷 12 引均作「罷官去」，《御覽》卷 664 引《南岳魏夫人內傳》同。

（2）杜燮為交州刺史，得毒病死，已三日（「董奉」條）

胡守為曰：杜燮，《御覽》卷 724 引作「士燮」，是。（P336）

按：明本《廣記》卷 12 引同，《永樂大典》卷 10310 引《廣記》作「士燮」。《御覽》卷 724 引「已」作「經」。

（3）令人舉死人頭搖而消之（「董奉」條）

按：搖而消之，《三國志・士燮傳》裴松之注引作「搖稍之」（紹興本「稍」作「捎」），《御覽》卷 724 引作「搖道之」，又卷 887 引作「搖消之」，《蒙求集註》卷下引作「逍遙之」，宋刻《冊府元龜》卷 876、《廬山記》卷 1 並作「搖

〔註31〕繆啟愉《齊民要術校釋》，農業出版社 1998 年版，第 711 頁。

捎之」。「搖消」、「搖捎」、「搖稍」、「搖逍」並同,是二漢六朝成語,猶言搖動。《廣雅》:「掉捎,動也。」王念孫曰:「《釋訓》云:『揣抏,搖捎也。』『搖捎』猶『掉捎』也。一作『搖消』……『掉捎』、『跳踃』、『搖捎』并聲近而義同。」〔註32〕

(4)死時奄然如夢,見有數十烏衣人來收之(「董奉」條)

胡守為曰:烏衣人,《御覽》卷724引作「馬卒」。(P337)

按:「馬」是「烏」形誤,「卒」是「衣人」誤合。《搜神記》、《搜神後記》、《幽明錄》、《齊諧記》等鬼怪書中習見「烏衣人」。

(5)以五重布巾韜病者目(「董奉」條)

按:韜,《三洞珠囊》卷1引作「幕」,《廣記》卷12引作「蓋」。

(6)如此數年,計得十萬餘株,鬱然成林(「董奉」條)

按:鬱,《齊民要術》卷4、《御覽》卷968、《廣記》卷12引同,《廬山略記》作「蔚」,一聲之轉耳。

(7)多縣令親故家有女,為精邪所魅,百不能治(「董奉」條)

胡守為曰:百不能治,《漢魏》本作「醫療不效」。(P343)

按:《廣記》卷12引同《漢魏》本,《御覽》卷724引作「醫療不差」。

(8)有大白鼉長丈六尺,陸行詣病者問,君異使人斬之(「董奉」條)

胡守為曰:《漢魏》本作「陸行詣病者門」。「問」形近「門」而誤。(P343)

按:胡說是也。《御覽》卷724、《廣記》卷12、《真仙通鑑》卷16引作「門」字。

(9)李根,字子源(「李根」條)

胡守為曰:子源,《御覽》卷663引《道學傳》作「子側」。(P346)

按:「根」與「源」相應,「側」是「源」形誤。《三洞珠囊》卷8、《紺珠集》卷2、《說郛》卷58、《真仙通鑑》卷12引作「子源」,《仙苑編珠》卷中

〔註32〕王念孫《廣雅疏證》,收入徐復主編《廣雅詁林》,江蘇古籍出版社 1992 年版,第 97 頁。

引作「子元」。「元」同「源」。

（10）劉玄德欲東伐吳，報關羽之怨（「李意期」條）

胡守為曰：《漢魏》本作「劉玄德欲伐吳，報關羽之死」。（P351）

按：《廣記》卷 10 引同《漢魏》本，《御覽》卷 663 引劉向《列仙傳》「怨」作「死」。

（11）玄德忿恥（「李意期」條）

胡守為曰：忿恥，《漢魏》本作「忿怒」。（P352）

按：《廣記》卷 10 引同《漢魏》本，《御覽》卷 663 引劉向《列仙傳》作「恚怒」。

（12）王興者，陽城人也，常居一谷中（「王興」條）

胡守為曰：常居一谷中，《漢魏》本作「居壺谷中」，《御覽》卷 662 引同。《真仙通鑑》卷 7 作「常居宛谷中」。（P354～355）

按：《廣記》卷 10 引同《漢魏》本。「壺」形誤作「壹」，復易作「一」。《通鑑》作「宛谷」則是妄改，別無所考。

（13）上嵩山，登大愚石室，起道宮（「王興」條）

按：大愚石室，《要修科儀戒律鈔》卷 12 引《本傳》作「大虞石室」，《真仙通鑑》卷 7 作「大虞石」。

（14）逢女生乘白鹿，從後有玉女數十人也（「魯女生」）

按：《類聚》卷 95、《御覽》卷 906 引「從」下無「後有」二字，當據刪，「後」涉「從」形近誤衍，復增「有」字。《漢武帝外傳》：「先相識者逢女生於華山廟前，顏色更少，乘白鹿，從玉女三十人」（《五嶽真形圖序論》無「顏色更少」四字，餘同；《後漢書・方術傳》李賢注、《御覽》卷 39 引《武帝內傳》亦略同），亦無「後有」二字。又《御覽》「白鹿」下有「車」字。

2020 年 7 月 2 日～7 月 9 日初稿，7 月 15 日二稿。

《真誥》校補

　　陶弘景（456～536）整理的《真誥》，原本 10 卷，收入《道藏》時析為 20 卷。日人麥谷邦夫、吉川忠夫撰《真誥校注》以道藏本為底本，校勘記所稱「宮本」指宮內廳所藏《正統道藏》本，「俞本」指明代俞安期本，「學本」指學津討原本〔註1〕。趙益《真誥》點校本亦以道藏本為底本，校勘記所稱「日本」指《真誥校注》本〔註2〕。茲據《校注》為底本作校補，引其說稱作「麥谷曰」。余所見《真誥》版本有道藏本、重刊道藏輯要本、學津討原本、四庫本，未見俞安期本。

　　本文引用類書，《北堂書鈔》省稱作《書鈔》（孔廣陶本），《白氏六帖事類集》省稱作《白帖》（宋刊本），《太平御覽》省稱作《御覽》（宋刊本）。

卷一《運象篇》第一

（1）愕綠華詩

　　按：愕，四庫本、學津討原本作「萼」，《能改齋漫錄》卷 3 引同，《諸真歌頌》、《雲笈七籤》卷 97 引作「蕚」。「蕚」是「萼」俗字。

（2）棲情莊慧津，超形象魏林

　　麥谷曰：《莊子·秋水》「莊子與惠子游於濠梁之上」云云。（P3）

〔註1〕麥谷邦夫、吉川忠夫《真誥校注》（朱越利譯），中國社會科學出版社 2006 年版。
〔註2〕趙益《真誥》點校本，中華書局 2011 年版。

按：《諸真歌頌》、《雲笈七籤》卷97引「慧」作「惠」，古字通。

（3）揚彩朱門中，內有邁俗心

按：《諸真歌頌》、《雲笈七籤》卷97引「內有」作「內外」。

（4）并致火澣布手巾一枚，金玉條脫各一枚

麥谷曰：繁欽《定情詩》曰：「何以致契闊？繞腕雙跳脫。」（《玉臺新詠》卷1）（P5）

按：吳曾《能改齋漫錄》卷3：「條脫為臂飾……按周處《風土記》曰：『仲夏造百索繫臂，又有條達等織組雜物以相贈遺。』唐徐堅撰《初學記》引古詩云：『繞臂雙條達。』然則『條達』之為釧必矣，第以『達』為『脫』，不知又何謂也？徐堅所引古詩，乃後漢繁欽《定情篇》云：『何以致契闊？繞腕雙跳脫。』但『跳脫』兩字不同。」方以智曰：「條脫，或作『跳脫』、『條達』。」〔註3〕此麥谷說所本。《玉臺新詠》卷1繁欽《定情詩》「跳脫」，《書鈔》卷135、《御覽》卷718引同，《荊楚歲時記》、《初學記》卷4、《白氏六帖事類集》卷1、《歲華紀麗》卷2、《御覽》卷31引作「條達」，《事類賦注》卷4引作「條脫」。跳、條一聲之轉，《釋名》：「跳，條也，如草木枝條務上行也。」達、脫分別是定母、透母，均月部字，亦是聲轉。轉語又作「㠯達」、「挑達」、「脩達」，《說文》：「㠯，滑也。《詩》云：『㠯兮達兮。』」《詩·子衿》作「挑兮達兮」，毛傳：「挑達，往來相見貌。」臂飾謂之「條脫」者，取滑潤而通達為義。

（5）於是佛（音弗）駕而旋，偃靜葛臺

麥谷曰：《禮記·曲禮上》鄭注曰：「佛，戾也。」（P16）

按：麥谷說非是。佛，讀為拂，拭也。《類聚》卷7引晉庾闡《登楚山詩》：「拂駕升西嶺，寓目臨浚波。」

（6）心遊太空，目擊洞房

按：「心遊太空」語出《莊子·外物》「心有天遊」。

〔註3〕方以智《通雅》卷34，收入《方以智全書》第1冊，上海古籍出版社1988年版，第1034頁。

（7）紫微左夫人王諱清娥，字愈意

按：愈意，《真靈位業圖》、《太丹隱書洞真玄經》、《墉城集仙錄》卷3作「愈音」。《雲笈七籤》卷97：「紫微夫人名青娥，字愈音。」「意」是「音」形誤。麥谷氏（P20）、趙益（P10）並失校。

（8）夫沈景虛玄，無途可尋；言發空中，無物可縱

按：趙益校「沈」作「汎」（P10），是也。四庫本、學津討原本「沈」作「汎」，《上清僊府瓊林經》（下文省稱作《瓊林經》）引同，當據校改。麥谷氏失校（P22）。「汎」同「泛」，浮也。《元始無量度人上品妙經》卷3「泛景太霞，嘯詠洞章」，南齊嚴東注：「泛景者，遊翔也。太霞，炁也。」《太平廣記》卷161引《感應經》引《淮南子》「東風至而酒汎溢」，景宋本《淮南子‧覽冥篇》「汎」作「湛」，《文選‧七啓》李善註、《御覽》卷9引作「沉」，《記纂淵海》卷2、《事類賦注》卷2引作「沈」，「湛」、「沈」一聲之轉，俗作「沉」。此亦其相譌之例。

（9）此二行皆浮沈冥淪，儵遷灼寂

按：「灼寂」不辭，疑「怕寂」之誤。「怕寂」俗作「泊寂」，言澹泊寂寞。倒文亦作「寂泊」，是漢魏六朝習語。

（10）是故放蕩無津，遂任鼓風柂，存乎虛舟而行耳

按：《瓊林經》引「無」作「元」，「柂」作「柵」。「柂」同「柵」。「元」是「無」形誤。無津，猶言無崖岸、無邊際。

（11）至於書迹之示，則揮形紙札

按：《瓊林經》引「形」作「於」。

（12）乃是五色初萌，文章畫定之時，秀人民之交，別陰陽之分，則有三元、八會、群方、飛天之書，又有八龍、雲篆、明光之章也

按：《瓊林經》引「畫」作「盡」，無「時」字，「則」作「判」。此文當據校正，讀作「乃是五色初萌，文章盡定之秀，人民之交別，陰陽之分判，有三元⋯⋯」。麥谷氏失校（P22）。

（13）其後逮二皇之世

按：趙益校「二皇」作「三皇」（P11），是也。《瓊林經》引正作「三皇」。

（14）壞（壞）真從易

麥谷曰：壞，俞本作「壞」，今從俞本。（P23）

按：學津討原本亦誤作「壞」。四庫本作「壞」，《瓊林經》引同。

（15）手維霄綱，足陟玉庭

按：《太平廣記》卷 58 引《集仙錄》所引《真誥》（下文省作《集仙錄》）作「手携宵烟，足陟王庭」，可以互校。此文「維」當作「携」，而《廣記》「宵烟」當作「霄綱」，「王」當作「玉」。麥谷氏（P27）、趙益（P12）並失校，張國鳳《太平廣記會校》亦失校〔註4〕。

（16）身升帝闕，披寶歆青

按：《集仙錄》「歆」作「噏」，二字同「吸」。「青」疑是「精」脫誤，孫本《廣記》作「精」。《太上飛行九晨玉經》「同升北星，上噏玄精」，文例同。

（17）上論九玄之逸度，下紀萬椿之大生

按：《集仙錄》作「論九玄之逸度，沉萬椿之長生」。「沉」是「紀」誤，孫本、沈本《廣記》作「泛」亦誤。

（18）真言玄浪，高談玉清

按：《集仙錄》「浪」作「朗」（孫本、沈本仍作「浪」），「談」作「譚」。「浪」是「朗」借字。

（19）奇韻雖觸，呀（鏡）鑒無滯

麥谷曰：呀，俞本作「鏡」，今從俞本。（P28）

按：所謂「呀」字，道藏本、四庫本、學津討原本都作「鎗」。趙益校「鎗」作「鏡」（P12），是也。「鎗」是「鏡」脫誤。

〔註4〕張國鳳《太平廣記會校》，北京燕山出版社 2008 年版，第 668 頁。

（20）吾子加之至慮，散蕩斯念，宜慎之耳

按：《集仙錄》誤作「吾子加之慮，斯蕩散念，且慎之」。張國鳳據孫本《廣記》讀作「吾子加之，慮蕩散斯念，宜慎之」〔註5〕，仍然未得。

（21）鈴青色、黃色更相參差

按：參差，《御覽》卷675引《列仙傳》、《侍帝晨東華上佐司命楊君傳記》（下文省稱作《楊君傳記》）作「參廁」，《雲笈七籤》卷97作「參間」。

（22）神女著雲錦襧

按：襧，《楊君傳記》作「襦」，《御覽》卷675引《列仙傳》作「禰」，《雲笈七籤》卷97作「裙」。「襦」是「襧」形誤，「禰」是「禰」形誤。

（23）衣服儵儵有光，照朗室內，如日中映視雲母形也

按：《楊君傳記》同。儵儵，《雲笈七籤》卷97同，《御覽》卷675引《列仙傳》作「條條」。照朗，《御覽》卷675引作「照映」，《雲笈七籤》卷97誤作「照眠」。

（24）雲髮鬃（此應是『鬢』字。鬢，黑髮貌也）鬢，整頓絕倫

按：鬃，《雲笈七籤》卷97同，《御覽》卷675引《列仙傳》、《楊君傳記》作「鬢」。

（25）書當有十許卷也

按：許，《御覽》卷675引《列仙傳》作「餘」。

（26）其一侍女着著衣，捧白箱

按：着著衣，道藏本、學津討原本作「着青衣」，四庫本都作「著青衣」，麥谷本誤也（P30）。

（27）冥會不待駕，所其（期）貴得真

麥谷曰：其，俞本作「期」，今從俞本。（P32）

按：《楊君傳記》作「期」。

〔註5〕張國鳳《太平廣記會校》，北京燕山出版社2008年版，第673頁。

（28）南嶽鑄明金，眇觀傾笈帗

按：《楊君傳記》「帗」作「瓫」。「瓫」字是，同「盆」，故可言「傾」。「帗」是大巾，不可言「傾」也。

（29）乘飈儔衾寢，齊牢携絳雲

按：《楊君傳記》「儔」作「裯」。「裯」是「裯」形誤，「儔」當作「幬」。《詩·小星》「抱衾與裯」，毛傳：「衾，被也。裯，襌被也。」鄭箋：「裯，牀帳也。」《爾雅》「幬謂之帳」，郭璞注：「今江東亦謂帳為幬。」「幬衾」即是「裯衾」。倒言亦作「衾裯」、「衾幬」，《文選·寡婦賦》：「歸空館而自憐兮，撫衾裯以歎息。」又《贈白馬王彪》：「何必同衾幬，然後展慇懃。」李善注：「『幬』與『裯』古字同。」麥谷氏（P31）、趙益（P15）並失校。「飈」是「飈」俗譌字，趙益徑改作「飆」（P15）。

（30）悟歎天人際，數中自有緣

按：《楊君傳記》「悟歎」作「仰歎」。

（31）常數自手扉九羅，足躡玄房，霄形靈虛，仰歠日根，入宴七闕，出轡雲輪，攝三辰而俱升，散景霞以飛軒也

按：《楊君傳記》「扉」作「扇」。《楊君傳記》、《洞玄靈寶自然九天生神玉章經解》卷下引《楊真人內傳》「歠」作「掇」，「攝」作「躡」。「掇」當作「啜」，同「歠」，飲也。《上清黃氣陽精三道順行經》：「翻然凌虛，上啜日根。」「攝」當作「躡」，麥谷氏（P36）、趙益（P17）並失校。「三辰」指日、月、星。

（32）求王（玉）宮之良儔，偶高靈而為雙

麥谷曰：王，俞本作「玉」，今從俞本。（P38）

按：《楊君傳記》作「玉」。

（33）直是我推機任會，應度歷數

按：「推機」謂地之運行。《靈寶無量度人上品妙經》卷11：「天綱三百六十日，運關一周。地紀三千三百日，推機一度。天運關三百六十周為陽勃，三百年。地推機三千三百度為陰蝕，三萬年也。」

（34）是故善鄙之心亦已齊矣，對景之好亦已域矣

按：《楊君傳記》「域」作「成」。「域」當作「城」，讀作「成」。麥谷氏失校（P36）。趙益但出異文（P18），而未作判斷。

（35）實非所以變無反澹，凝情虛刃

按：道藏本「澹」作「淡」。《楊君傳記》「無」作「化」，「情」作「清」。「清」當作「情」，「無」當作「化」

（36）上寢瓊房

按：《楊君傳記》「瓊」誤作「瑕」。

（37）為必抱衾均牢，有輕中之接，塵穢七神，悲魂任魄乎

按：《楊君傳記》「為必」作「奚必」，「任」作「狂」。此文當據校正，麥谷氏失校（P37）。趙益校「為」作「奚」，而未言所據；又「任」字失校（P18）。《楊君傳記》「牢」誤作「年」。

（38）方當相與，結駟玉虛，偶行此（北）玄

麥谷曰：此，俞本作「北」，今從俞本。（P38）

按：《楊君傳記》作「北」。

（39）仰漱金髓，咏歌玉玄

按：《楊君傳記》「漱」作「嗽」，「咏」作「誦」。漱、嗽，正、俗字。

（40）浮空寢晏，高會太晨

按：《楊君傳記》「晏」作「宴」。宴、晏，正、借字。《真誥》卷4「高會太林墟，寢宴玄華宮」，又卷13「寢宴含真館，高會蕭閑宮」，皆作正字。

（41）齊首偶觀，攜帶交裙

按：《楊君傳記》「裙」音誤作「群」。

（42）明君其順運隨會，妄必無辭

按：《楊君傳記》脫「運隨」二字，又「必」形誤作「心」。

（43）於爾親交，亦大有進業之益得，而無傷絕之慮耳

按：《楊君傳記》「爾」作「是」，「大有」作「有大」，重「益」字。當讀作「亦大有進業之益，益得而無傷絕之慮耳」。趙益以「得」屬下句，而未補「益」字（P19）。

（44）真旌必可尅往，雲軒必可俱駕也

按：《楊君傳記》「旌」作「旂」，「往」作「任」，「軒」作「軒」。「旂」同「旌」。「往」當作「任」。麥谷氏（P37）、趙益（P19）並失校。

（45）今遂如願，益使我欣欣，慎復疑矧於心胸矣

按：《楊君傳記》「矧」作「哂」。《真誥》卷6：「是故高人哂而遠之。」哂、矧，正、借字。哂，笑也，字亦作吲。

（46）我昨見金臺李夫人於清虛中，言爾尚有疑正之心，色氣小有眼眼（謂應作「悢悢」字。）

按：《楊君傳記》作「悢悢」，亦「悢悢」形譌。

（47）將必乘景王（玉）霄乎

麥谷曰：王，俞本作「玉」，今從俞本。（P38）

按：《楊君傳記》作「玉」。

（48）攜手雙臺，娛歎良會

按：趙益本「娛歎」誤作「娛歎」（P19）。娛歎，《楊君傳記》作「悟歎」，此文當據校正。上文云：「悟歎天人際，數中自有緣。」《洞神八帝妙精經》：「悟歎馳競子，不知養命根。」

卷二《運象篇》第二

（1）清虛真人授書曰

按：清虛，《無上祕要》卷42引作「清靈」，《楊君傳記》同。清靈真人是裴君，清虛真人是王君。此文當作「清靈」。

（2）適足明三官考罰耳

按：三官，《楊君傳記》同，《無上祕要》卷42引誤作「三宮」。《真誥》卷13引《消魔經》云：「岱宗又有左火官、右水官及女官，亦名三官，並主考罰。」

（3）非上宮天真流軿晏景之夫所得言也

按：晏，《無上祕要》卷42引作「宴」，《楊君傳記》同。

（4）適足握水官之筆，鳴三官之鼓耳

麥谷曰：水官，《真誥》卷7：「僑於是得有死罪，故名簡早削奪，尋輸頭皮於水官也。」（P45）

按：麥谷說非是。《楊君傳記》同此文，《無上祕要》卷42引「握」作「搖」，「水官」作「三官」，此文當據校正。《道門科範大全集》卷52有「鼓三官之筆」語，《靈寶領教濟度金書》卷24、27、153、160、193亦習見。鼓，搖動也。趙益亦失校（P20）。

（5）玄標觸景，俯和塵藹

按：道藏本「標」作「摽」，《楊君傳記》引同，麥谷本與底本不符（P44）。《楊君傳記》「俯」作「府」，借字。觸，讀為濁。藹，讀為堨，字或作壒，亦塵也。《淮南子·兵略篇》「揚塵起堨」，許慎注：「堨，埃。」蔣斧印本《唐韻殘卷》、裴務齊《正字本刊謬補缺切韻》並云：「壒（壒），塵。」

（6）德與流景合，宜歡會理髮領秀

按：《楊君傳記》「宜」作「冥」，「歡」作「觀」，皆誤。「宜」屬上句，當讀作「德與流景合宜，歡會理髮領秀」，麥谷氏失其讀（P44）。趙益讀作「德與流景，合宜歡會，理髮領秀」（P21），亦誤。「會」、「與」對文，會亦與也。《公羊傳·隱公元年》：「及者何？與也。會、及、暨，皆與也。」

（7）又有一人，甚少整頓，建芙蓉冠，朱衣帶劍，未曾見也，意疑是桐柏山真人王子喬

按：「甚少」、「整頓」均二字為句，麥谷失其讀（P46），趙益承其誤（P22）。意疑，《瓊林經》引作「隱疑」。隱、意一聲之轉。

（8）上真云：「昨與叔申詣清虛宮，校為仙真得失之事耳，近頓除落四十七人，都復上三人耳。」

按：都，《上清僊府瓊林經》（下文省稱作《瓊林經》）引同，《上清眾真教戒德行經》（下文省稱作《德行經》）卷下引作「却」。此文當據校正，麥谷氏（P46）、趙益（P22）並失校。《御覽》卷660引《南真傳》「校為」作「校定」，無「却」字。却，猶言又也，復也，再也。

（9）并復視爾輩之名簡，如今佳耳

按：佳，《瓊林經》引同，《德行經》卷下引誤作「往」。

（10）若久如此者，真人亦不得逃矣

按：逃，《德行經》卷下引作「逃」。逃、逃，正、俗字。《太平廣記》卷58引《魏夫人傳》作「隱」。

（11）但當杜絕其淫色之念

按：《德行經》卷下引「杜絕」作「抑斷」，「淫」作「婬」。

（12）虛妄者德之病，華衒者身之灾，滯者失之首，恥者體之篇

按：《德行經》卷下、周守中《養生類纂》卷1引同，《御覽》卷660引下二句作「執滯者失之由，恥辱者行之玷」。「華」或體作「夸」，讀作夸（誇）。《漢書·楊王孫傳》「夫飾外以華眾」，《說苑·反質》「華」作「誇」。字或作嘩、譁、訏、迂、芋、謣、宇〔註6〕。誇衒，誇耀也。《梁書·武帝本紀》高祖上表：「媒孽夸衒，利盡錐刀。」《建康實錄》卷17作「誇衒」。也作「姱衒」，《南齊書·武帝本紀》永明七年詔：「苟相姱衒，罔顧大典。」

（13）鶱裳七度，躭凝洞樓（七度，飛步事也。洞樓，洞房事也。）

按：道藏本「躭」作「躭」，麥谷本與底本不符（P49）。凝，滯也，止也。躭凝，猶言躭滯。《上清太上開天龍蹻經》卷2：「端正好醜，以為躭滯。」

〔註6〕 參見蕭旭《大戴禮記拾詁》，《澳門文獻信息學刊》第5期，2011年版，第117頁；又收入《群書校補（續）》，花木蘭文化出版社2014年版，第1947～1948頁。

（14）日者霞之實，霞者日之精，君唯聞服日實之法，未見知餐霞之精也

　　按：唯，《御覽》卷670引作「惟」，並讀作雖，《瓊林經》、《楊君傳記》引正作「雖」。

（15）眼者身之鏡，耳者體之牖，視多則鏡昏，聽眾則牖閉

　　按：閉，《瓊林經》引作「闇」。

（16）心悲則面燋，腦減則髮素

　　按：燋，《楊君傳記》引同；四庫本、學津討原本作「焦」，《類說》卷33、《道樞》卷6、《養生類纂》卷1引同，《御覽》卷668引《九華經》亦同。焦、燋，並讀為憔，字亦作顦。敦煌寫卷Φ367《妙法蓮華經音義》：「憔悴：《廣雅》：『憔悴、愁患，憂也。』」磧砂大藏經本、永樂南藏本、海山仙館叢書本《玄應音義》卷6二「憔」作「燋」，今本《廣雅》作「顦悴、愁感，憂也」。

（17）所以精元內喪，丹津損竭也

　　按：精元，《楊君傳記》、《道樞》卷6引同；《類說》卷33引作「精氣」，《御覽》卷668引《九華經》同。

（18）勞多則精散，營竟則明消

　　按：營竟，《養生類纂》卷1、《續博物志》卷7、《錦繡萬花谷》後集卷27引同〔註7〕，《御覽》卷668引《九華經》亦同；《楊君傳記》引作「營競」，《道樞》卷6引作「營鏡」，《類說》卷33引作「營多」。「竟」字是，窮究也。營，思慮也。

（19）八朗四極，靈峯遼邈

　　按：峯，唐司馬丞禎《上清侍帝晏桐柏真人真圖讚》（下文省稱作《真圖讚》）、《楊君傳記》引作「岸」。「岸」當是「峯」形誤。

（20）奇言吐穎，瓊音餐振

　　按：趙益據《楊君傳記》引校「餐」作「粲振」（P26），是也。《真圖讚》

────────────
〔註7〕《續博物志》據涵芬樓本，四庫本作「營競」。

引作「燦」，俗「粲」字。

（21）晨飛陵清，玄氣赴霄

按：《楊君傳記》引「陵」作「淩」，餘同。《真圖讚》引誤倒作「晨飛淩霄，清玄氣赴」。下文「終能策雲軯以赴霄」，亦「赴霄」連文。

（22）體邁玉虛，心遺艱鋒

按：《楊君傳記》引同，《真圖讚》引「體邁」作「授職」。

（23）若此人者，必能旋騰玄漢，周灑真庭矣

趙益曰：周灑，《楊君傳記》引作「同棲」。（P26）

按：「旋騰玄漢，周灑真庭」八字，《真圖讚》引作「旋騰寥漢，周歷真庭」，《楊君傳記》引作「遊騰玄漠，同棲真庭」。麥谷氏失校（P53）；趙益所校不備，且未作按斷。「漢」是「漠」形誤。《抱朴子內篇·至理》：「運清鑒於玄漠之域。」又《明本》：「而翻爾藏軌於玄漠之際。」「旋」是「斿（游、遊）」形誤，《無上祕要》卷 94 引《洞真青要紫書上經》：「遊騰玉室，上拜帝館。」「同」是「周」形誤。「灑」當作「麗」，麗、歷一聲之轉。歷，經過也。「周」既誤作「同」，因臆改「麗」作「棲」。

（24）三元可得而見，絳名可得而立耳

麥谷曰：《真誥》卷 4：「傅佐上德，列書絳名。」

按：絳名，《楊君傳記》引同，《真圖讚》引誤作「降名」。

（25）動與罔罟共啟，靜興爭競之分者

按：趙益據《楊君傳記》校「興」作「與」（P26），是也，《真圖讚》引亦作「與」。「之」亦當據《楊君傳記》校作「為」。

（26）明君夷質虛閑，祕構玉朗

按：道藏本「構」作「搆」，麥谷本與底本不符（P54）。夷質，《楊君傳記》、《吳郡志》卷 40 引同；《雲笈七籤》卷 5 引唐李勃《經教相承部·晉茅山真人楊君》引作「受質」，蓋臆改也。「夷質」亦見《真誥》卷 8。

（27）標拂靈篇，乘數順生

　　按：道藏本「標」作「摽」，麥谷本與底本不符（P54）。《楊君傳記》引「摽拂」誤作「摽梯」。蓋「拂」形誤作「抶」，又形聲相近誤作「梯」。《淮南子‧修務篇》「攫援摽拂，手若蔑蒙」，高誘注：「攫援，掇。摽拂，敷。」摽拂，猶言敷布。

（28）妾將挺命凝觀，憑華而生

　　麥谷曰：憑華而生，《上清黃庭內景經》：「灌溉五華植靈根。」（《雲笈七籤》卷11）（P57）

　　按：道藏本《黃庭內景玉經》自有「灌溉五華植靈根」句，不煩據《雲笈》卷11轉引，且所引亦不切此文。《上清三元玉檢三元布經》：「太素元君虛結空胎，憑華而生，誕於高上上清寶素九玄玉皇天中。」《無上祕要》卷93引《洞真七十四方變化上經》同。《太上三天正法經》：「三號既明，三元夫人從炁而生，以天為父，以炁為母，故號太素三元君。此各以炁自然之孕子也。（虛結空胎，憑炁而生也。）」「憑華而生」即「憑炁而生」，則此文「華」指精華、元氣，與「灌溉五華植靈根」無涉。

（29）神映西暉，德明內隸

　　趙益曰：德明內隸，《楊君傳記》引作「德朗內穎」。（P28）

　　按：隸，道藏本作「隸」。《楊君傳記》引作「德朗內頴」。麥谷本（P54）、趙益本（P28）均與底本不符。「隸」是「頴」形誤。「頴」是「穎」俗字。穎，穎發、秀出。

（30）握髦秉鉞，專制束蕃

　　麥谷曰：髦，俞本作「旄」，今從俞本。（P56）

　　按：四庫本、學津討原本均作「旄」，《楊君傳記》引同。然二字古通，不煩改字，趙益承麥谷氏之誤（P28），不達古字通假也。

（31）不復用勤學劬勞，陟足山川矣

　　按：陟，《楊君傳記》引作「涉」。此文當據校正，麥谷氏（P55）、趙益（P28）並失校。

（32）至於內冥偶景，併首玄好

按：首，《楊君傳記》引作「守」，古字通用，當以「首」為正字。麥谷氏（P55）、趙益（P29）並失校。上文云：「夫真人之偶景者，所貴存乎匹偶，相愛在於二景，雖名之為夫婦，不行夫婦之迹也，是用虛名以示視聽耳。」即此「偶景」之誼。

（33）今人居風塵之休盛者，乃多罪之下鬼，趣死之考質也

按：休，美也。《楊君傳記》引「休」作「烋」，字同。《三洞群仙錄》卷2引「考」作「老」。《說文》：「考，老也。」

（34）蓋富貴淫麗，是破骨之斧鋸，有似載罪之舟車耳

按：《楊君傳記》引「麗」作「儷」，借字。有，讀作又。《三洞群仙錄》卷2引「破」作「斷」，「斧」作「斤」。

（35）榮華矜世，爭競徼時，適足以誨恡要辱，為伐命之兵，
　　　非佳事也

按：《楊君傳記》引「徼」作「邀」，古字通用。

（36）超豁桓聘，保全至素者也

趙益曰：絚聘，《楊君傳記》引作「纏躬」。（P29）

按：桓，道藏本作「絚」，麥谷本誤也（P55）。「絚聘」不辭，疑「絚羅」之誤。《真誥》卷7：「靈羽振翅於玄圃之峰，以遺羅絚之患。」絚，繩也。絚羅，猶言繩網。「纏躬」亦不安。

（37）明金生穢於泥瀆，寶玉投糞以招塵

按：《楊君傳記》引「投」誤作「殺」。

（38）褻衣振血，濁精虧真

按：《楊君傳記》引誤作「騫裳振血，濁真虧真」。

（39）可且尋解劍之道，作告終之術乎

麥谷曰：《真誥》卷20：「苦不奈風火，可修劍解之道，作告終之術。」（P58）

趙益曰：劍解，據《雲笈七籤》卷5改。（P29）

按：《御覽》卷665「劍解」條引《茅君傳》亦作「可尋劍解之道」。劍解者，道士以劍作工具而解化的方法，《太平廣記》卷58引《魏夫人傳》所謂「夫人乃託劍化形而去」是也。又別有它法，《雲笈七籤》卷85：「凡尸解者，皆寄一物而後去。或刀或劍，或竹或杖，及水火兵刃之解。」《御覽》卷664引《神仙傳》亦倒作「解劍」，又「告」誤作「吉」。

（40）若必範玄秉象，清淨罕時

按：淨，《洞真西王母寶神起居經》作「靖」，《上清三真旨要玉訣》作「靜」。諸字通借，當以「靜」為正字。

（41）淵淳岳峙

按：淳，《德行經》卷下作「停」。

（42）遺放俗戀，調彈清靈

按：《真誥》卷17注引《神虎隱文》：「玄玄即排起，調彈恭柏榮。」也倒言作「彈調」，《洞真太上神虎隱文》：「道藏金極章，彈調赫栢榮。」《洞真太上說智慧消魔真經》卷2同〔註8〕。彈，彈劾、抨擊。調，讀作啁、嘲，戲笑、諷刺。

（43）爾乃遠齊妙真，重起玄覺，明德內圓，靈標外足矣

按：道藏本「標」作「摽」，麥谷本與底本不符（P59）。足，《德行經》卷下、《上清三真旨要玉訣》（下文省稱作《玉訣》）同，《洞真西王母寶神起居經》（下文省稱作《起居經》）形誤作「定」。

（44）若精散萬念，為生不固，忝隨塵波，心不真合，適足勞身神於林岨（謂應作「岨」字），實有誤於來學也

按：岨，《德行經》卷下作「岨」，《玉訣》、《起居經》作「岫」。「林岨」不辭，當作「岫」為正字。岫，山洞。「林岫」是漢唐成語，《世說新語·言語》：「郊邑正自飄瞥，林岫便已皓然。」合，《德行經》、《玉訣》、《起居經》

〔註8〕《真誥》卷3引恭伯榮注，又卷17引恭柏榮注。《元和姓纂》卷1有「恭」姓，又卷10有「赫」姓，「恭」、「赫」形近，不知孰是。

作「舍」。此文當據校正，麥谷氏（P59）、趙益（P31）並失校。來學，《德行經》、《起居經》同，《玉訣》作「未覺」。

（45）至寂非弘順之主，惔然非教授之匠，故當因煩以領無耳

按：道藏本「無」作「无」，「无」是「无」形譌。《太平廣記》卷58引《魏夫人傳》「弘」作「引」，「惔」作「淡」，「因」作「困」，「无」作「無」。「引」是「弘」形誤，張國鳳《太平廣記會校》失校〔註9〕。「因」疑「困」形誤。「領無」未詳。

（46）趙子可憂不？信而末疑，其心亦已醢矣

按：趙益本「末」誤作「未」（P31）。當讀作「趙子可憂，不信而末疑，其心亦已醢矣」。麥谷氏失其讀（P60），趙益承其誤。《小爾雅》：「末，終也。」

（47）為道者常淵淡以獨處，每栖神以遊閑，安飲啄以自足，無旂（謂應作『祈』字）眄於籠樊

按：《無上祕要》卷42引「旂」作「祈」，又「眄」誤作「盻」。

（48）哀樂所以長去，夭閼何由而臻者乎

麥谷曰：夭閼，《莊子·逍遙遊》曰：「而後乃今培風，背負青天而莫之夭閼者。」（P61）

按：《淮南子·俶真篇》用《莊子》，「夭閼」作「夭遏」，一聲之轉〔註10〕。

（49）何不肆天標之極縱，適求真之內娛，從幽淨以熙心，綏所託以栖意

按：道藏本「標」作「摽」，麥谷本與底本不符（P59），下文不再標示。《無上祕要》卷42引「縱」作「蹤」，「熙」作「怡」，「綏」作「援」。熙、怡一聲之轉。綏，安也，「援」是形譌。

（50）處東山以晦跡，握玄筌於妙領

麥谷曰：《真誥》卷2：「是以古之學者，握玄筌以藏領。」（P61）

按：《無上祕要》卷42引「領」作「嶺」。麥谷氏所引「藏領」，《無上祕

〔註9〕張國鳳《太平廣記會校》，北京燕山出版社2008年版，第669頁。
〔註10〕參見楊樹達《淮南子證聞》，上海古籍出版社2006年版，第25頁。

要》卷 65 引《真迹經》亦作「藏嶺」。領、嶺，正、俗字，指山嶺。藏領，隱藏於山嶺也。

（51）保隨珠以含照，遣五難於胸次

按：《無上祕要》卷 42 引「隨」作「隋」，「次」作「心」。

（52）鳳巢高木，素衣衫然（此八字是作長史小名「穆」字也。）

按：《雲笈七籤》卷 106 作「鳳棲喬木，素衣炳然」。作「炳然」是臆改，《真誥》卷 20、《德行經》卷下、《雲笈七籤》卷 97 引《中候王夫人詩》並作「衫然」。「素衣衫然」是離合「穆」字右傍「㣎」字。

（53）解駕偃息，可誦洞篇

按：誦，《雲笈七籤》卷 97 同，《德行經》卷下誤作「謂」，《雲笈》卷 106 引《許邁真人傳》誤作「識」。

（54）隱嘿沉閑，正氣不虧，术散除疾，是爾所宜

麥谷曰：术散，《真誥》卷 10：「又法：术散五斤，伏苓煮三沸，搗取散五斤。」（P64）

按：《德行經》卷下「閑」誤作「閉」，《雲笈七籤》卷 97、106「术」誤作「木」。「术散」蓋指白朮散。麥谷氏所引《真誥》卷 10「术散」，道藏本亦誤作「木散」，重刊道藏輯要本、四庫本不誤。

（55）次服飴飯，兼穀勿違

按：飴，《雲笈七籤》卷 97、106、《御覽》卷 671 引《登真隱訣》同，《德行經》卷下、《三洞珠囊》卷 3 作「餢」。《真誥》卷 18：「故服餢不？」《太平廣記》卷 58 引《魏夫人傳》「青精鍵飯」，「鍵」必是「餢」形誤，張國鳳《太平廣記會校》失校〔註11〕。

（56）若夫能眇邈於當世，則所重唯身也，罕營外難者，則無死地矣

趙益曰：罕，《無上祕要》卷 65 引《真迹經》作「周」。（P35）

按：「罕」當作「周」。周，徧也。營，讀作縈，纏繞也。

〔註11〕張國鳳《太平廣記會校》，北京燕山出版社 2008 年版，第 668 頁。

（57）握玄筌以藏領，匿穎鏡於紛務

按：《無上祕要》卷65引《真迹經》（下文省稱作《真迹經》）「筌」作「籤」，「領」作「嶺」，「務」作「霧」。「籤」是「筌」音誤，「霧」是「務」音誤。《周氏冥通記》卷1：「後既混糅，恒親紛務。」

（58）凝神乎山巖之庭，頤真於逸谷之津

按：《真迹經》「凝」作「澄」，「津」作「畔」。「津」當作「涯」，形近而誤。「涯」與「畔」義同。

（59）遊躡九道，登元濯形

按：《真迹經》「元」形誤作「无」。

（60）閉存三氣，研諸妙精

按：《真迹經》「閉」作「關」。

（61）爾何以不數看東山，鬱望三秀（凡云三秀者，皆謂三茅山之峰。山頂為秀，故呼三秀也。）

按：山頂為秀，「秀」蓋「椒」轉語。《廣韻》：「椒，山巔也。」《漢書·外戚傳》「山椒」即是山頂。《太平廣記》卷58引《魏夫人傳》「鬱」作「勤」。

（62）夫言者性命之全敗也，信者得失之關楗也

按：楗，強思齊《道德真經玄德纂疏》卷13引作「鍵」，《太平廣記》卷58引《魏夫人傳》作「籥」。

（63）彎景落滄浪，騰躍清海津

按：清，《雲笈七籤》卷98引《楊真人許長史詩》、《眾仙讚頌靈章》、《墉城集仙錄》卷5作「青」。

（64）雲輿浮空洞，儵忽風波間

按：《太清金液神氣經》（下文省稱作《神氣經》）卷下「儵」作「倏」，餘同此文。《墉城集仙錄》卷5「儵」作「倏」，「風波」作「滄波」。《雲笈七籤》卷98「洞」作「同」，「儵」作「倏」，「風波」作「滄浪」，《眾仙讚頌靈章》「儵」作「倏」，餘同。

（65）來尋冥中友，相携侍帝晨

按：《神氣經》卷下同。《雲笈七籤》卷 98、《眾仙讚頌靈章》、《墉城集仙錄》卷 5「冥」作「真」。「冥」是「真」形誤，麥谷氏（P68）、趙益（P36）並失校。真中友，真人中之友。也省作「真友」，《真誥》卷 3「求真得真友，不去復何求」是也〔註12〕。《真誥》卷 2「振衣尋冥疇（儔），迴軒風塵際」，卷 4「交頸金庭內，結我冥中朋」，「冥」亦當作「真」。

（66）下眄八阿宮，上寢希林顛

按：《神氣經》卷下「顛」作「巔」，餘同。《雲笈七籤》卷 98、《眾仙讚頌靈章》、《墉城集仙錄》卷 5「阿」作「河」，「顛」作「巔」。「八阿」、「八河」，不知孰是。

（67）絳闕扉廣霄，披丹登景房

按：扉，《雲笈七籤》卷 98、《眾仙讚頌靈章》、《墉城集仙錄》卷 5 作「排」。

（68）紫旗振雲霞，羽晨撫八風

按：撫，讀為舞，俗字作儛。《雲笈七籤》卷 98、《眾仙讚頌靈章》作「儛」，《墉城集仙錄》卷 5 作「舞」。

（69）雲河波浪宇，得失為我鍾

麥谷曰：河，俞本作「何」，今從俞本。（P69）

按：道藏本「雲」作「云」，麥谷本誤也（P69）。《雲笈七籤》卷 98、《眾仙讚頌靈章》、《墉城集仙錄》卷 5 都作「云何」。

（70）弱喪濘，篤靈未盡

按：道藏本「濘」作「𣾷」，俗字。「濘濘」也作「罔養」，虛無廣大之義。轉語作「漭濘」、「莽濘」、「漭洋」、「莽洋」、「莽罝」等形。

（71）有心洞於飛滯，柔翰蔚乎冥契也

按：蔚，《雲笈七籤》卷 98、《上清眾真教戒德行經》（下文省稱作《德行

〔註12〕《諸真歌頌》、《墉城集仙錄》卷 3、《雲笈七籤》卷 97 引「真友」作「良友」，蓋臆改。

經》）卷上同，《墉城集仙錄》卷5作「鬱」。《真誥》卷3「辭旨蔚然起，不散三秀崿」，《衆仙讚頌靈章》、《雲笈》卷98同，《集仙錄》卷5「蔚」作「鬱」。又卷3「思駿駃以慕聘，嘉柔順以變蔚」，《集仙錄》卷5、《雲笈》卷98「蔚」作「鬱」。蔚、鬱一聲之轉。「鬱律」轉語作「蔚律」（S.2072《瑒玉集》）〔註13〕，亦是其比。

（72）可謂縱誕德挺，良為欽然矣

按：《雲笈七籤》卷98、《墉城集仙錄》卷5同，《德行經》卷上「德挺」作「挺德」。

（73）然穢思不豁，鄙吝內固，淫念不漸，靈池未澄

趙益曰：漸，《雲笈七籤》卷98引作「斬」。（P37）

按：「漸」當作「斬」，斷也；《德行經》卷上、《墉城集仙錄》卷5作「斷」。劉揚說「漸」是「斷」訛字〔註14〕，非是，形聲俱不相近。

（74）漏緒多端，當恒戰密

按：「戰密」不辭，當據《雲笈七籤》卷98、《墉城集仙錄》卷5作「戢密」，麥谷氏（P72）、趙益（P37）並失校。《德行經》卷上作「編緒多端，當恒戰謐」，尤誤。戢，藏匿也。

（75）振衣尋冥疇，迴軒風塵際

按：冥，《雲笈七籤》卷98、《衆仙讚頌靈章》、《墉城集仙錄》卷5作「真」。當據校正，麥谷氏（P73）、趙益（P38）並失校。疇，讀作儔，《集仙錄》正作「儔」。

（76）良德映靈暉，穎根粲華蔚

按：《雲笈七籤》卷98、《衆仙讚頌靈章》、《墉城集仙錄》卷5「靈」作「玄」，「根」作「拔」。「根」當作「拔」，麥谷氏（P73）、趙益（P38）並失校。「穎拔」是中古成語，猶言挺拔。

〔註13〕參見蕭旭《〈英藏敦煌社會歷史文獻釋錄〉校讀記（前十五卷）》，收入《敦煌文獻校讀記》，花木蘭文化出版社2019年版，第206頁。

〔註14〕劉揚《〈真誥校注〉商補二則》，《西南民族大學學報》2009年第9期，第223頁。

（77）密言多儻福，沖淨尚真貴

按：《雲笈七籤》卷 98、《衆仙讚頌靈章》、《墉城集仙錄》卷 5「儻」作「償」。當據校正，麥谷氏（P73）、趙益（P38）並失校。

（78）守真一篤者，一年使頭不白，禿髮更生

按：《雲笈七籤》卷 98、《墉城集仙錄》卷 5「篤」上有「勤」字，「禿」上有「而」字，「更」作「再」。

（79）夫內接兒孫，以家業自羈

按：《雲笈七籤》卷 98、《墉城集仙錄》卷 5「夫內接兒孫」作「苟內憂子孫」。

（80）專守真一者，則頭髮不白，禿者更軫（「軫」字亦應是「琴」。）

麥谷曰：琴，俞本作「鬒」，今從俞本。（P75）

按：軫，《類說》卷 33、《養生類纂》卷 1 引作「鬒」〔註15〕。《真誥》卷 3：「交袂雲林宇，浩軫（謂應作「皓鬒」）還童嬰。」「軫」字不誤，讀作参，字亦作鬒、顒。《說文》：「参，稠髮也。鬒，或從髟，真聲。」《詩‧君子偕老》毛傳：「鬒，黑髮也。」《左傳‧昭公二十八年》杜注：「美髮為顒。」「琴」是「鬖」形誤，「琴」、「軫」無相譌之理。「鬖」是「参」增旁字，同「鬒」。稠密曰縝、積，木密曰槙，髮密曰鬒，石密緻曰砱，其義一也。

（81）君絳宮中渠（謂應作「詎」字）能仰飛空同上上雲玄之涯不

按：「空同上」下當逗開。《墉城集仙錄》卷 5「渠」作「詎」，「飛」作「扉」，「不」作「否」。渠，讀作詎，不煩改字。

（82）雖躡閬山以遊步，造圓壘以朝冥

按：「冥」是「真」形誤。麥谷氏（P77）、趙益（P41）並失校。

（83）含仁守慈，發拔幽憂，單心慈誘，棲神靈鏡者，許長史其人也

按：單，讀為殫，竭盡也。《真誥》卷 4「每空懷以向真，單誠以汎道者」，亦同。

〔註15〕《養生類纂》據成化覆刻本，壽養叢書本誤作「鬚」。

（84）不敢恌（謂應作「怠」字）懈

　　按：「恌」是「怡」形誤，「怡」是「怠」易位異體字。

（85）經歷山岳，無所不至，契闊險試，備嘗勞苦

　　按：「險試」不辭，當作「險戲」。險戲，高峻貌。《楚辭·七諫·怨世》：「何周道之平易兮，然蕪穢而險戲。」王逸注：「險戲，猶言傾危也。」《文選·七發》：「險險戲戲，崩壞陂池。」也作「險巇」、「嶮巇」、「嶮戲」，《雲笈七籤》卷 104 引《太元真人東嶽上卿司命真君傳》：「君棄家獨往，離親樂仙，契闊嶮巇，冬祖（徂）山川〔註16〕。」《茅山誌》卷 1「嶮巇」作「嶮試」，誤與此同。《上清太極真人神仙經》「嶮戲甚於水火，殺伐速於斧斤」，《皇天上清金闕帝君靈書紫文上經》作「嶮巇」。均是「嶮危」轉語。

（86）道之來也，不計遲速，恩之隆也，何限早晚

　　按：「隆」與「來」對文，當作「降」。

卷三 《運象篇》第三

（1）瓊扇啟晨鳴，九音絳樞中

　　按：扇，《諸真歌頌》、《雲笈七籤》卷 97、《墉城集仙錄》卷 2 並作「扉」。

（2）華蓋隨雲倒，落鳳控六龍

　　麥谷曰：《真誥》卷 3：「左佩青羽旗，華蓋隨雲傾。」（P82）

　　按：倒，《墉城集仙錄》卷 2 同，《諸真歌頌》、《雲笈七籤》卷 97 誤作「列」。下文「華蓋隨雲傾」，《上清金章十二篇》、《上清諸真章奏頌》、《上清諸真人授經時頌金真章》、《洞真太一帝君丹隱書洞真玄經》、《雲笈》卷 98、《墉城集仙錄》卷 5、《眾仙讚頌靈章》「傾」同，傾亦倒也。

（3）適聞臊穢氣，萬濁蕩我胸

　　趙益曰：蕩，《雲笈七籤》卷 97 引作「污」。（P44）

　　按：《諸真歌頌》、《墉城集仙錄》卷 2 亦作「污」。

〔註16〕《混元聖紀》卷 7「袒」作「徂」。

（4）明王（玉）皆摧爛，何獨盛德躬

麥谷曰：王，俞本作「玉」，今從俞本。（P81）

按：《諸真歌頌》、《雲笈七籤》卷97「王」作「玉」，「摧」作「璀」，「德」作「得」；《墉城集仙錄》卷2「得」誤作「五」，餘同。「璀」當是「摧」形誤。

（5）受子喬飛解脫網之道得去，入緱（外書作「維」字）氏山中

麥谷曰：緱氏山，《真誥》卷16：「志願憑子晉於緱岑，侶陵陽於步玄。」（P83）

按：「得去」屬下句，趙益不誤（P44）。「緱」字是，「維」是形譌。《後漢書・公孫瓚傳》：「後從涿郡盧植學於緱氏山中。」

（6）駕欻敖八虛，徊宴東華房

按：《上清道類事相》卷2引「敖」作「遨」，「宴」作「晏」。《眾仙讚頌靈章》、《墉城集仙錄》卷5、《雲笈七籤》卷98「敖」作「遨」，「徊」作「迴」。

（7）有待徘徊眄，無待故當淨

按：《墉城集仙錄》卷3「眄」作「盼」，「淨」作「靜」。《諸真歌頌》、《雲笈七籤》卷9「眄」作「盼」，「故」作「固」，「淨」作「靜」。「眄」、「盼」均「眄」形譌，衰視也。「故」是「固」借字，「淨」是「靜」借字。

（8）滄浪奚足勞，孰若越玄井

按：勞，讀為遼，遠也。下文「滄浪奚足遼，玄井不為多」，正作本字。

（9）無待愈有待，相遇故得和

趙益曰：愈，《雲笈七籤》卷97引作「喻」。（P46）

按：愈，《無上祕要》卷20同；《諸真歌頌》亦作「喻」。「喻」是正字，猶言如同。

（10）縱酒觀群惠，儵忽四落周

按：《諸真歌頌》、《墉城集仙錄》卷2、《雲笈七籤》卷97「惠」作「慧」，「儵忽」作「倏欻」。欻，忽也，表示疾速。「惠」是「慧」借字。

（11）或眄五嶽峯，或濯天河津

按：濯，《諸真歌頌》、《雲笈七籤》卷97同，《無上祕要》卷20誤作「躍」。

（12）芥子忽萬頃，中有須彌山

趙益曰：須彌，《無上祕要》卷20引《真迹經》作「蓬萊」，《雲笈七籤》卷97引作「崑崙」。（P46）

按：《諸真歌頌》亦作「崑崙」。

（13）彼作有待來，我作無待親

按：親，《諸真歌頌》、《雲笈七籤》卷97同，《無上祕要》卷20作「觀」。「觀」、「親」與上文「間、綿、山、緣、津」都合韻。作「觀」義長。

（14）無待太無中，有待太有際

按：太有，《無上祕要》卷20作「大有」。

（15）鳴絃玄霄顛，吟嘯運八氣

按：吟嘯，《無上祕要》卷20、《上清道寶經》卷3誤作「金簫」。

（16）奚不酣靈液，眄目娛九裔

麥谷曰：眄目，《真誥》卷3：「八臺可眄目，北看乃飛元。」（P88）

按：《無上祕要》卷20「液」作「酒」，餘同。《上清道寶經》卷3作「奚不舍靈酒，盼目娛九裔」，「舍」當作「含」，「酣」之音誤；「盼」、「眄」當作「盻」，目動也。麥谷氏所引下文「八臺可眄目」，《墉城集仙錄》卷5同，亦當據《眾仙讚頌靈章》、《雲笈七籤》卷98作「盻目」。

（17）仰浮紫晨外，俯看絕落冥

麥谷曰：絕落冥，《真誥》卷3：「領略三奇觀，浮景翔絕冥。」（P89）

按：麥谷氏引下文「絕冥」不切。冥，《無上祕要》卷20同，《諸真歌頌》、《墉城集仙錄》卷2、《雲笈七籤》卷97作「溟」。《洞真太上神虎隱文》：「太陽交重陰，回拂存落冥。」

（18）朱煙纏旌旄，羽帔扇香風

按：旄，《眾仙讚頌靈章》、《雲笈七籤》卷98、《墉城集仙錄》卷5作「旀」，

字同。

（19）電噪猛獸攫，雷吟奮玄龍

按：《眾仙讚頌靈章》、《雲笈七籤》卷 98、《墉城集仙錄》卷 5 作「電噪」作「雷號」，「雷吟」作「電吟」。

（20）鈞籟昆庭響，金笙唱神鍾

按：《眾仙讚頌靈章》、《雲笈七籤》卷 98、《墉城集仙錄》卷 5「笙」作「筑」。

（21）停駕望舒移，迴輪反滄浪

按：輪，《墉城集仙錄》卷 5 作「轅」。

（22）良因俟青春，以叙中懷忘

按：俟，《太清金液神氣經》卷下同（麥谷氏「神氣」誤作「神丹」（P93）），《眾仙讚頌靈章》、《雲笈七籤》卷 98、《墉城集仙錄》卷 5 作「候」。「俟」是「候」形誤，麥谷氏（P90）、趙益（P48）並失校。

（23）龜闕鬱巍巍，墉臺絡月珠

麥谷曰：《真誥》卷 3：「冠軒煥崔巍，佩玲帶月珠。」（P95）

趙益曰：絡，《雲笈七籤》卷 97 引作「落」。（P48）

按：《諸真歌頌》、《墉城集仙錄》卷 3 亦作「落」。絡、落，正、借字。

（24）羽帔扇翠暉，玉珮何鏗零

麥谷曰：鏗零，《真誥》卷 6：「天籟駭虛，晨鍾零鏗。」（P96）

按：零，《諸真歌頌》、《雲笈七籤》卷 97 同，《墉城集仙錄》卷 3 作「玲」。「零」是「玲」借字，《說文》：「玲，玉聲。」玉聲曰玲，水聲曰泠，鈴聲曰鈴，石聲曰砱，其義一也。鏗亦狀玉珮聲。《上清高聖太上大道君洞真金元（玄）八景玉籙》：「玄鈞四噭，千音鏗零。」亦用借字。卷 6「零鏗」則是倒言，《墉城集仙錄》卷 3 作「玲鏗」，此狀鍾聲也。也音轉作「鎗零」，《真誥》卷 7：「於是至樂自鎗零聞於兩耳。」

（25）俱指高晨寢，相期象中冥

按：寢，《諸真歌頌》、《雲笈七籤》卷 97、《墉城集仙錄》卷 3 作「殿」。此文當據校正，麥谷氏（P91）、趙益（P48）並失校。

（26）啟暉挹丹元，扉景湌月精

按：《諸真歌頌》、《雲笈七籤》卷 97、《墉城集仙錄》卷 3「湌」作「餐」。又《集仙錄》「扉」作「飛」。「湌」是「湌（餐）」俗譌字，「飛」是「扉」音誤。

（27）交袂雲林宇，浩軫（謂應作「皓鬢」）還童嬰

按：袂，《墉城集仙錄》卷 3、《雲笈七籤》卷 97 同，《諸真歌頌》誤作「被」。「浩軫」各書均同。浩，讀作皓。軫，讀作㐌、鬢，已詳上文。

（28）陣上自擾競，安可語養生

按：陣上，《墉城集仙錄》卷 3 同，《諸真歌頌》、《雲笈七籤》卷 97 作「世綱」。

（29）控晨浮紫煙，八景觀泒流

按：道藏本「泒」作「派」，四庫本、學津討原本同，麥谷本（P91）、趙益本（P49）並誤。重刊道藏輯要本作「派」，《眾仙讚頌靈章》、《雲笈七籤》卷 98 作「汾」，《墉城集仙錄》卷 5 作「泒」。「派」、「泒」都是「派」俗譌字，「汾」是形譌字。「泒」則是水名（見《說文》），殊非其誼。麥谷氏魚魯不別，趙益又承其誤。派流，猶言支流、分流，正六朝習語。

（30）相期白水涯，揚我菱荍珠

按：菱荍，《眾仙讚頌靈章》、《雲笈七籤》卷 98 同，《墉城集仙錄》卷 5 作「葳荍」，一詞異體耳。

（31）手把八空炁，縱身雲中浮

麥谷曰：手把八空炁，《真誥》卷 9：「手把八雲氣。」（P98）

按：八空，《墉城集仙錄》卷 3 同，《諸真歌頌》、《雲笈七籤》卷 97 作「八天」。《上清道寶經》卷 3 引《上青三天君列紀》：「手把八素氣，縱身虛中浮。」

（32）一昑造化剛（綱），再視索高疇

麥谷曰：剛，《雲笈七籤》卷 97 作「綱」，今從《雲笈七籤》。（P93）

按：《諸真歌頌》、《墉城集仙錄》卷 3 亦作「綱」。又《集仙錄》「昑」形誤作「盼」。

（33）道要既已足，可以解千憂

按：足，《墉城集仙錄》卷 3 同，《諸真歌頌》、《雲笈七籤》卷 97 作「是」。疑「是」誤。

（34）求真得真友，不去復何求。

按：真友，《諸真歌頌》、《雲笈七籤》卷 97、《墉城集仙錄》卷 3 作「良友」，蓋臆改。

（35）丹空中有真，金映育挺精

麥谷曰：丹空，《真誥》卷 4：「澄形丹空，擢標霄嶺。」（P99）

按：麥谷氏所引非是。丹空之中不得有真，《真誥》卷 4 言「空中有真」者，「空」指空無，而非丹空，與此不同。丹空中有真，《眾仙讚頌靈章》、《雲笈七籤》卷 98、《墉城集仙錄》卷 5 作「丹華空中有」，此文當據校正。又《集仙錄》「金映」誤作「金闕」。

（36）紫空朗明景，玄宮帶絳河

按：明，《墉城集仙錄》卷 3 同，《諸真歌頌》、《雲笈七籤》卷 97 作「玄」。

（37）濟濟上清房，雲臺煥嵯峨

按：雲，《墉城集仙錄》卷 3 同，《諸真歌頌》、《雲笈七籤》卷 97 作「靈」。

（38）七彎絡九垓，晏昑不必家

趙益曰：絡，《雲笈七籤》卷 97 引作「降」。（P50）

按：《墉城集仙錄》卷 3「垓」作「陔」，「昑」作「盼」。《諸真歌頌》、《雲笈》卷 97「絡」作「降」，「垓」作「陔」，「晏」作「宴」。「降」是「絡」形誤，「盼」是「昑」形誤。

（39）豈能棲東秀，養真收太和

　　麥谷曰：太和，《真誥》卷17：「夫心與治，遊乎太和。」（P100）

　　按：收，《諸真歌頌》、《雲笈七籤》卷97同，《墉城集仙錄》卷3作「牧」。「收」是「牧」形誤，牧亦養也。「太和」指沖和之氣。

（40）二景秀鬱玄，霄映朗八方

　　趙益曰：二，《雲笈七籤》卷98引作「三」。（P50）

　　按：《眾仙讚頌靈章》、《墉城集仙錄》卷5亦作「三景」。

（41）鼓翮乘素颷，竦眄瓊臺中

　　按：眄，《眾仙讚頌靈章》、《雲笈七籤》卷98同，《墉城集仙錄》卷5形誤作「盼」。

（42）錦旌召猛獸，華幡正低昂

　　按：旌，《眾仙讚頌靈章》、《雲笈七籤》卷98、《墉城集仙錄》卷5作「旐」（《集仙錄》「旐」右旁下部略有殘損），字同。

（43）形甘垢臭味，動靜失滄浪

　　按：上句，《眾仙讚頌靈章》、《雲笈七籤》卷98作「形垢甘臭味」，《墉城集仙錄》卷5作「形苟甘臭味」。此文「甘垢」當據乙作「垢甘」。「苟」是「均」形誤，「均」同「垢」。麥谷氏（P92）、趙益（P50）並失校。

（44）絳景浮玄晨，紫軒乘煙征

　　按：煙，《眾仙讚頌靈章》、《雲笈七籤》卷98、《墉城集仙錄》卷5同。《上清諸真章頌》（下文省稱作《諸真章頌》）、《洞真太一帝君太丹隱書洞真玄經》（下文省稱作《洞真玄經》）、《上清道寶經》（下文省稱作《道寶經》）卷3、《上清諸真人授經時頌金真章》（下文省稱作《金真章》）、《上清金章十二篇》（下文省稱作《金章十二篇》）作「雲」。

（45）仰超綠闕內，俯眄朱火城

　　按：《眾仙讚頌靈章》、《雲笈七籤》卷98、《墉城集仙錄》卷5同。《諸真章頌》、《洞真玄經》、《道寶經》卷3、《金真章》、《金章十二篇》「綠」作「金」，「朱火」作「西華」。《道寶經》「眄」形誤作「盼」，《諸真章頌》、《金真章》

「眄」形誤作「盻」。

（46）東霞啟廣暉，神光煥七靈

按：《眾仙讚頌靈章》、《雲笈七籤》卷 98、《墉城集仙錄》卷 5 同。《洞真玄經》、《金真章》「廣」作「五」，「光」作「元」。《道寶經》卷 3「廣」作「玉」，「光」同此。《諸真章頌》、《金章十二篇》「廣」作「五」，「光」同此。「玉」是「五」形誤，「元」是「光」形誤。

（47）翳映記三燭，流任自齊冥

按：所謂「記」字，道藏本作「**汜**」，乃「汜」字，《諸真章頌》、《金章十二篇》同（《金章》「汜三」誤倒作「三汜」）。麥谷氏誤錄其字（P92），趙益本作「氾」（P50），亦與底本不符。《洞真玄經》作「紀」，《金真章》作「記」，《道寶經》卷 3 作「氾」，《眾仙讚頌靈章》、《雲笈七籤》卷 98、《墉城集仙錄》卷 5 作「汎」。「汜」是「氾」形誤，「氾」同「汎」。「紀」、「記」亦誤字。

（48）風纏空洞宇，香音觸節生

按：《眾仙讚頌靈章》、《雲笈七籤》卷 98、《墉城集仙錄》卷 5 同。《上清道類事相》卷 4「香」作「靈」，餘同。《諸真章頌》、《洞真玄經》、《金真章》、《金章十二篇》「纏」作「鼓」，下句作「香煙散玉庭」，《道寶經》卷 3 未引上句，下句同。

（49）手攜熾（謂應作『織』字）女儛，併衿匏瓜庭

按：《眾仙讚頌靈章》、《雲笈七籤》卷 98、《墉城集仙錄》卷 5「熾」作「織」，餘同。《上清道類事相》卷 4「熾」作「織」，「匏」作「瓟」，餘同。《諸真章頌》、《洞真玄經》、《金真章》、《金章十二篇》「熾」作「織」，下句作「雙衿落錦青」；《道寶經》卷 3「衿」作「襟」，餘同。

（50）晏寢九度表，是非不我營

按：《眾仙讚頌靈章》、《雲笈七籤》卷 98、《墉城集仙錄》卷 5「晏」作「宴」，餘同。上句《諸真章頌》、《金真章》、《道寶經》卷 3、《金章十二篇》作「宴寢九度外」，《洞真玄經》「度」作「庭」，餘同。「庭」是「度」形誤。

（51）抱真棲太寂，金恣（姿）愈日嬰

　　麥谷曰：恣，俞本作「姿」，今從俞本。（P93）

　　按：四庫本、學津討原本亦作「姿」。《眾仙讚頌靈章》、《雲笈七籤》卷98、《墉城集仙錄》卷5「恣」作「姿」，「愈日」作「日愈」，餘同。《諸真章頌》、《金真章》、《金章十二篇》作「抱空泥丸內，天姿愈日嬰」，《洞真玄經》「愈」誤作「與」，餘同。「日嬰」不辭，「愈日嬰」當乙作「日愈嬰」，《真誥》卷4「晏晼廣寒宮，萬椿愈童嬰」，亦足證也。日愈猶言日益，副詞。上文云「朱顏日愈新，劫往方嬰童」，即「日愈嬰」也。麥谷氏（P92）、趙益（P51）並失校。

（52）豈似悆穢中，慘慘無聊生

　　按：《眾仙讚頌靈章》、《雲笈七籤》卷98、《墉城集仙錄》卷5同。《洞真玄經》、《金真章》「似」作「同」，「悆」作「憗」。《諸真章頌》、《金章十二篇》誤作「豈況洞悆穢，中慘無聊生」。「憗」是俗「悆」字。

（53）三轡抗紫軒，傾雲東林阿

　　趙益曰：抗，《墉城集仙錄》卷5引作「控」。（P51）

　　按：「抗」、「控」二字俱通。下文云「飛輪高晨臺，控轡玄壟隅」，此作「控」之證。《真誥》卷17「驊騮抗轡於巨龜，江使感夢於宋王」，此作「抗」之證。抗，舉也。控，引也。

（54）遣滯悆，賴窮行德，不亦甚佳乎

　　按：「遣滯悆賴窮行德」七字，《上清眾真教戒德行經》（下文省稱作《德行經》）卷下引作「違滯若救窮行德」，二書可以互校。「違」當作「遣」。「若」是「吝」形誤，「吝」俗字作「悋」、「㤁」、「悆」。「賴」當作「救」。麥谷氏（P103）、趙益（P51）並失校。滯，滯塞。吝，貪也，音轉亦作遴。《方言》卷10：「荊汝江湘之郊，凡貪而不施，……或謂之悋。悋，恨也。」《慧琳音義》卷16引「悋」作「吝」。《廣雅》：「遴，貪也。」滯悆，猶言貪滯。

（55）不患德之不報，所患種福之不多耳

　　按：《德行經》卷下引「種福」作「種德」。

（56）義類淵微，仰覽無厭射

按：射，讀為斁，厭也。

（57）欲殖滅度根，當拔生死栽

按：栽，《太上洞玄靈寶真文要解上經》（下文省稱作《靈寶真文》）、《眾仙讚頌靈章》、《墉城集仙錄》卷5、《雲笈七籤》卷96、99同；《諸真歌頌》作「裁」，俗字。脈望館本《酉陽雜俎》卷19「或言構木上多松裁」，亦用俗字。

（58）觀神載形時，亦如車從馬

按：《墉城集仙錄》卷5「如」誤作「從」。

（59）哀世莫識此，但是惜風火

按：惜，《諸真歌頌》、《雲笈七籤》卷96同，《靈寶真文》作「借」，《墉城集仙錄》卷5作「息」。「借」、「息」均借音字，並心母字，一聲之轉。《諸真歌頌》、《雲笈七籤》「莫」誤作「但」，《靈寶真文》不誤。

（60）神為度形舟，薄岸當別去

麥谷曰：薄岸，宋玉《高唐賦》：「勢薄岸而相擊兮，隘交引而卻會。」（P106）

按：《諸真歌頌》、《靈寶真文》、《雲笈七籤》卷96、《墉城集仙錄》卷5「度」作「渡」，「薄」作「泊」。薄，讀作泊，止舟也。《高唐賦》之「薄」則讀作迫，麥谷氏引之，非也，其形雖同，而義各別。

（61）悲哉苦痛容，根華已顛倒

按：容，《靈寶真文》、《墉城集仙錄》卷5同，《諸真歌頌》、《雲笈七籤》卷96作「客」。「容」是「客」形誤，麥谷氏（P104）、趙益（P52）並失校。

（62）起就娷落生，焉知反枯老

按：娷，道藏本作「𡝭」；四庫本、學津討原本作「零」，下引各書均同。「𡝭」不成字，蓋「零」誤書。生，《諸真歌頌》、《雲笈七籤》卷96作「塵」，《靈寶真文》作「座」，《墉城集仙錄》卷5作「坐」。「座」同「坐」。「坐」形

誤作「生」、「尘」，「尘」又改作「塵」。敦煌寫卷「塵」已作俗形「尘」〔註17〕。麥谷氏（P104）、趙益（P52）並失校。

（63）四旂曜明空，朱軒飛靈丘

按：旂，《衆仙讚頌靈章》、《墉城集仙錄》卷5、《雲笈七籤》卷98作「旌」。

（64）宴詠三辰宮，唱嘯呼我儔

按：儔，《墉城集仙錄》卷5、《雲笈七籤》卷98同，《衆仙讚頌靈章》作「疇」。儔、疇，正、借字。

（65）不覺椿已來，豈知二景流

趙益曰：來，《墉城集仙錄》卷5引作「老」。（P53）

按：《衆仙讚頌靈章》、《雲笈七籤》卷98亦作「來」。「老」字是。

（66）左把玉華蓋，飛景躡七元

按：景，《諸真歌頌》、《墉城集仙錄》卷3、《雲笈七籤》卷97同，《洞玄靈寶玉京山步虛經》（下文省稱作《步虛經》）、《三洞讚頌靈章》作「晨」。下句《上清道寶經》卷3作「飛躡七元閶」。

（67）三辰煥紫暉，竦眄撫明真

按：眄，《諸真歌頌》、《雲笈七籤》卷97同，《步虛經》、《墉城集仙錄》卷3、《三洞讚頌靈章》誤作「盼」。

（68）何事生橫涂，令爾感不專

按：生，《諸真歌頌》、《步虛經》、《墉城集仙錄》卷3、《三洞讚頌靈章》、《雲笈七籤》卷97作「坐」。此文當據校正，麥谷氏（P107）、趙益（P53）並失校。

（69）陰（烏禁反）痾（烏賀反。此應作『喑啞』，言其速也）夫去（失玄）機，不覺年歲分

麥谷曰：夫去，《雲笈七籤》卷97作「失玄」，今從《雲笈》。（P107）

按：道藏本「痾」作「痾」，麥谷本（P107）、趙益本（P53）並與底本不

符。夫去，《諸真歌頌》、《步虛經》、《三洞讚頌靈章》、《墉城集仙錄》卷 3 亦均作「失玄」。陰痾，《諸真歌頌》、《步虛經》、《三洞讚頌靈章》、《雲笈七籤》卷 97 作「陰痾」，《集仙錄》作「陰阿」。

（70）北登玄真闕，攜手結高羅

按：《眾仙讚頌靈章》、《侍帝晨東華上佐司命楊君傳記》（下文省稱作《楊君傳記》）、《墉城集仙錄》卷 5、《雲笈七籤》卷 98 同。玄真闕，《上清九天上帝祝百神內名經》（下文省稱作《內名經》）作「玄冥闕」，《金章十二篇》、《金真章》、《上清諸真章奏頌》（下文省稱作《章奏頌》）作「玄冥闕」。「冥」是「真」形誤，「闕」是「闕」形誤。《清洞玄明燈上經》：「仰觀玄真闕，雲樓鬱嵯峨。」《金章十二篇》、《章奏頌》「結」作「經」。經，織也。

（71）仰超琅園津，俯眄霄陵阿

按：《眾仙讚頌靈章》、《楊君傳記》、《墉城集仙錄》卷 5、《雲笈七籤》卷 98 同。《內名經》作「仰超琅玕津，俯盼迴岳阿」，《金章十二篇》、《章奏頌》、《金真章》作「仰超琅琅津，俯眄曲岳阿」（《金真章》「眄」作「盼」）。「盼」、「盼」是「眄」形誤。

（72）玉簫雲上唱，鳳鳴洞九遐

按：洞九遐，《內名經》、《楊君傳記》、《墉城集仙錄》卷 5 同，《眾仙讚頌靈章》、《雲笈七籤》卷 98 作「動九遐」，《金真章》、《章奏頌》作「洞九霞」，《金章十二篇》作「九洞霞」。動，讀作洞，徹也。遐，讀作霞。作「洞九霞」為正。《洞玄靈寶自然九天生神章經》「淡遊初無際，繁想洞九霞」，敦煌寫卷 P.4659《太上洞玄靈寶自然至真九天生神章》作「洞九遐」〔註18〕，《太上三洞傳授道德經紫虛籙拜表儀》同，元人華陽復注本作「動九遐」。

（73）乘氣浮太空，曷為躡山河

按：河，《內名經》、《楊君傳記》、《墉城集仙錄》卷 5 同，《眾仙讚頌靈章》、《金章十二篇》、《金真章》、《章奏頌》、《雲笈七籤》卷 98 作「阿」。《金真章》「躡」誤作「翩」。

〔註18〕《法藏敦煌西域文獻》第 33 冊，上海古籍出版社 2005 年版，第 19 頁。

（74）齊挹二晨暉，千椿方嬰牙

按：《眾仙讚頌靈章》、《楊君傳記》、《雲笈七籤》卷98同。《內名經》、《金真章》作「漱挹圓晨暉，積椿方嬰牙」，《章奏頌》「挹」作「吸」，餘同；《金章十二篇》「挹」作「汲」，「椿」作「春」，餘亦同。方，比也，如也。「嬰牙」是「嬰兒」轉語〔註19〕。「春」是「椿」脫誤。挹、汲，並讀作吸，言吸取二晨之精氣。

（75）喪真投兢室，不解可奈何

按：兢，《眾仙讚頌靈章》、《楊君傳記》、《墉城集仙錄》卷5、《雲笈七籤》卷98作「競」。上句《內名經》、《金章十二篇》、《章奏頌》作「紛紛趣競中」。「兢」當作「競」，形聲相近而誤。趙益本徑作「競」（P54），與底本不符。

（76）仰眄太霞宮，金閣曜紫清

按：閣，《眾仙讚頌靈章》、《墉城集仙錄》卷5、《雲笈七籤》卷98同，《內名經》、《章奏頌》、《楊君傳記》作「闕」。仰眄，《章奏頌》作「宴眄」，《內名經》作「宴盼」。「盼」是「眄」形誤。

（77）擲輪空同津，總轡儷綠軒

按：總，《章奏頌》作「控」。

（78）玉華飛雲蓋，西妃運錦旌

按：旌，《內名經》、《章奏頌》同，《眾仙讚頌靈章》、《墉城集仙錄》卷5、《雲笈七籤》卷98作「旍」，字同。

（79）翻然濁塵涯，儵忽佳人庭

按：儵忽，《楊君傳記》作「倏忽」，《眾仙讚頌靈章》、《章奏頌》、《墉城集仙錄》卷5、《雲笈七籤》卷98作「儵歘」，《內名經》作「倏歘」。「歘」是「欻」俗字，忽也。

〔註19〕參見蕭旭《「嬰兒」語源考》，收入《群書校補（續）》，花木蘭文化出版社2014年版，第2065～2084頁。

（80）宿感應期降，所招已在冥

按：《內名經》、《楊君傳記》同。《章奏頌》「降」作「來」，餘同。《衆仙讚頌靈章》、《墉城集仙錄》卷5、《雲笈七籤》卷98「期」作「真」。「真」是「其」形誤，「期」之省文。

（81）乘風奏霄晨，共酣丹琳罍

按：丹琳罍，《衆仙讚頌靈章》、《楊君傳記》、《雲笈七籤》卷98作「丹林罍」，《墉城集仙錄》卷5作「丹琳罌」，餘同。《內名經》作「乘風恖九霄，共歡丹華嬰」，《章奏頌》作「乘風想九霄，共酣丹華嬰」，《金章十二篇》作「乘風想九霄，共酣丹華安」。罍、罌，正、俗字。「安」、「嬰」是「罌」誤字。「恖」是「想」形誤。

（82）靈谷秀瀾榮，藏身栖巖京

按：榮，《衆仙讚頌靈章》、《雲笈七籤》卷99作「縈」。榮，讀作縈，纏繞也。

（83）被褐均衰龍，帶索齊玉鳴

按：索，《衆仙讚頌靈章》、《雲笈七籤》卷99作「素」。「素」當作「索」。

（84）抑我曲晨飛，案此綠軒軿

麥谷曰：《真誥》卷5：「仙道有曲晨飛蓋，御之體自飛。」（P112）

按：抑，《衆仙讚頌靈章》、《雲笈七籤》卷99作「仰」。此文當據校正，麥谷氏（P111）、趙益（P55）並失校。案，抑也，壓也。「仰」與「案」對舉成文，謂仰舉其曲晨飛蓋也。

（85）解脫遺波浪，登此眇眇清

趙益曰：清，《雲笈七籤》卷99引作「身」。（P55）

按：清，《衆仙讚頌靈章》亦作「身」。

（86）擾兢三津竭，奔馳割爾齡

按：擾兢，《衆仙讚頌靈章》、《雲笈七籤》卷99作「憂竟」。趙益本逕作「擾競」（P55），與底本不符。當作「擾競」，形聲相近而誤。「擾競」見上文，又見卷6、8，凡三見。

（87）飛輪高晨臺，控轡玄壟隅

按：《諸真歌頌》、《雲笈七籤》卷 97 同。壟，《墉城集仙錄》卷 2 引作「隴」，《上清道類事相》卷 3 引作「龍」。「龍」是省借字。《真誥》卷 1 有「玄壟山」。

（88）手攜紫皇袂，儵欻八風驅

按：儵欻，《諸真歌頌》、《墉城集仙錄》卷 2 作「倏忽」，《雲笈七籤》卷 97 作「倏忽」。《諸真歌頌》「袂」誤作「被」。

（88）玉華翼綠幰，青群扇翠裾

按：群，道藏本作「帬」，麥谷本與底本不符（P111）。《諸真歌頌》、《雲笈七籤》卷 97「翠裾」形誤作「翠裙」。

（89）薄入風塵中，塞鼻逃當塗

按：塗，《墉城集仙錄》卷 2 同，《諸真歌頌》、《雲笈七籤》卷 97 作「除」。「除」是音誤字。

（90）臭腥彫我氣，百痾令心殂

按：《諸真歌頌》、《雲笈七籤》卷 97「彫」作「凋」，「痾」作「阿」，「殂」作「徂」；《墉城集仙錄》卷 2「彫」作「凋」，「殂」作「徂」。殂、徂，並讀為沮。

（91）君安有有際，我願有中無

按：《墉城集仙錄》卷 5 同。上句《眾仙讚頌靈章》、《雲笈七籤》卷 98 作「君心安有際」。

（92）該清道難，通幽妙達，許侯其人也

按：上二句《墉城集仙錄》卷 5 引作「該清道難通，幽達妙難窮」。該，讀作閡。清，明白、明曉。「該清」同義連文。《雲笈七籤》卷 104 引《太元真人東嶽上卿司命真君傳》：「盈、固弟衷，挺業該清。」《三茅真君加封事典》卷上：「標才明穎，挺業該清。」《九天三茅司命仙燈儀》：「標名才穎，誘童蒙後學之徒；挺秀該清，訓女官妙靈之眾。」此文「妙達」當乙作「達妙」，與「通幽」對文。《上清靈寶大法》卷 8：「夫徹視十方，通幽達妙，大而高天厚

地，廣而萬聖千真，皆可洞見，與造物者遊。」也作「通幽達微」，《洞真高上玉清隱書經》：「通幽達微，玄曜華精。」《真誥》卷4「解幽達精」，文例亦同。《集仙錄》失其讀，臆增「難窮」二字。

（93）方將曜靈方丘，騰躍暉霞，身飛九天，作則群真，師傳金闕，撫極（拯）種人

麥谷曰：以意改「極」字為「拯」字。（P115）

按：《墉城集仙錄》卷5引作「曜靈方昇丘，騰躍暉霞外，身飛九天中，作則群真，歸金闕，撫種人」。種人，指道家傳人。《靈寶洞玄自然九天生神章經》：「三官鼓筆，料別種人。」《集仙錄》增刪改易其文，恐不可信。

（94）可謂天秀標韻，為後民之圓匠也

按：下句《墉城集仙錄》卷5引作「為後民崇」。

（95）太上故使生擊（謂應作「繼」字）肇阿之陰運

按：道藏本「擊」作「繫」，麥谷本與底本不符（P114）。繫，讀作繼，亦不煩改字。《墉城集仙錄》卷5、《雲笈七籤》卷98易「繫」作「因言」二字。

（96）師宗相期，拂飾盡性

按：飾，讀作拭。《無上祕要》卷35《授度齋辭宿致儀品》：「次署侍座，當令四坐席地，拂飾齊整。」又卷48《靈寶齋宿廠儀品》作「拂拭」。

（97）此則本鄉之風氣，首丘之內感也

按：《墉城集仙錄》卷5同，《雲笈七籤》卷98「風」誤作「夙」。

（98）如其雍（謂應作「壅」字）吝秉欲

按：《墉城集仙錄》卷5、《雲笈七籤》卷98作「壅」。然二字通用，不煩改字。

（99）神氣不眄其宅，寂通不鼓其目，命矣夫，固可悲耶

按：《墉城集仙錄》卷5、《雲笈七籤》卷98「命」上有「自」字，「固」作「故」。此文「自」涉「目」形近而脫。

（100）紫桂植瑤園，朱華聲悽悽

按：悽悽，《太上洞玄靈寶真文要解上經》（下文省稱作《靈寶真文》）作「淒淒」，《墉城集仙錄》卷3作「萋萋」。

（101）鳳精童華顏，琳腴充長肌

麥谷曰：肌，俞本作「饑」，今從俞本。充長肌，《真誥》卷3：「咀嚼充長饑。」（P119）

按：《諸真歌頌》作「饑」，《靈寶真文》、《墉城集仙錄》卷3、《雲笈七籤》卷96作「飢」。《集仙錄》「長」誤作「腸」。

（102）控晨揖太素，乘欻翔玉階

按：階，《靈寶真文》同，《諸真歌頌》、《墉城集仙錄》卷3、《雲笈七籤》卷96作「墀」。墀亦階也。

（103）吐納六靈氣，玉嬪把巾隨

按：六靈，《靈寶真文》同，《諸真歌頌》、《墉城集仙錄》卷3、《雲笈七籤》卷96作「六虛」。把，《集仙錄》同，《靈寶真文》作「抱」，《諸真歌頌》、《雲笈》作「挹」。「挹」、「抱」均「把」形誤。《靈寶真文》「氣」誤作「胎」。

（104）彈璈南雲扇，香風鼓錦披。叩商百獸舞，六天攝神威

麥谷曰：彈璈，《真誥》卷4：「彈璈北寒臺，七靈暉紫霞。」（P120）

按：璈，《靈寶真文》、《諸真歌頌》、《雲笈七籤》卷96作「徵」，《墉城集仙錄》卷3作「微」。「璈」、「微」都是「徵」形誤，「彈徵」與「叩商」對文，謂叩彈徵調、商調之曲也。《文選·七啓》：「彈徵則苦發，叩宮則甘生。」「彈徵」與「叩宮」對文，是其比也。麥谷氏（P118）、趙益（P58）並失校，麥谷氏引卷4以證，但見文字相同，而不察其義有異。

（105）儵欻億萬椿，齡紀鬱巍巍

按：紀，各書同，獨《靈寶真文》誤作「絕」。

（106）鬱藹非真虛，太無為我館

按：無，道藏本原作「无」，《諸真歌頌》、《雲笈七籤》卷97作「元」（趙益已指出《雲笈》（P59）），《墉城集仙錄》卷3作「无」。虛，《諸真歌頌》、

《集仙錄》、《雲笈七籤》卷 97 作「墟」。「无」形誤作「旡」、「元」。

（107）玄公豈有懷，紫蒙孤所難

按：《墉城集仙錄》卷 3 同。《諸真歌頌》、《雲笈七籤》卷 97「懷」誤作「壞」。

（108）落鳳控紫霞，矯轡登晨岸

按：《墉城集仙錄》卷 3 同。《諸真歌頌》、《雲笈七籤》卷 97「矯」作「嬌」，「岸」作「巘」。「嬌」是「矯」音借。「巘」是「岸」轉語，《山海經・中山經》「蕢山之首曰敖岸之山」，郭璞注：「岸，或作巘。」

（109）琅華繁玉宮，綺葩凌巖粲

按：《墉城集仙錄》卷 3 同。《諸真歌頌》、《雲笈七籤》卷 97「綺」誤作「結」。綺，讀作奇。

（110）鵬扇絕億領，撫翮扶霄翰

按：《諸真歌頌》、《墉城集仙錄》卷 3、《雲笈七籤》卷 97「領」作「嶺」，「撫」作「拊」。

（111）西庭命長歌，雲璈乘虛彈

麥谷曰：《真誥》卷 7：「雲璈虛彈乎空軒也。」（P121）

按：《墉城集仙錄》卷 3 同。《諸真歌頌》、《雲笈七籤》卷 97「乘」形譌作「棄」。《洞真金元（玄）八景玉籙》：「齊音鏗鏗，雲璈虛彈。」

（112）靈童擲流金，太微啟壁（璧）案

按：《墉城集仙錄》卷 3「壁」作「璧」，餘同。《諸真歌頌》、《雲笈七籤》卷 97「太」誤作「火」，「壁」誤作「辭」。

（113）三元起折腰，紫皇揮袂讚

按：起折腰，《諸真歌頌》、《墉城集仙錄》卷 3、《雲笈七籤》卷 97 作「折腰舞」。

（114）朗朗扇景曜，曄曄長庚煥

按：上句《墉城集仙錄》卷 3 作「玄玄扇景暉」，《諸真歌頌》、《雲笈七

籤》卷 97 作「朗朗扇景輝」。

（115）超軒竦明刃，下盼使我惋

　　按：《諸真歌頌》、《墉城集仙錄》卷 3、《雲笈七籤》卷 97「盼」作「眄」。「盼」是「眄」形誤，麥谷氏（P118）、趙益（P59）並失校。

（116）故玄玄以八風為關（槖）籥，天地為隄防，四海為甕盎，九州為粃糠

　　麥谷曰：關，《真誥》卷 17 作「槖」，今從之。（P122）

　　按：《真誥》卷 17「甕盎」作「甕罌」，「粃糠」作「稗穣」。

（117）呼吸吐合

　　麥谷曰：《莊子・刻意》曰：「吹呴（引者按：麥谷氏引脫「呴」字，逕補）呼吸，吐故納新，熊經鳥申，為壽而已矣。」（P122）

　　按：《真誥》卷 17 作「呼吸含吐」。此文「合」當是「含」形誤，又誤倒其文。麥谷氏（P121）、趙益（P60）並失校。

（118）九絕獸，神禽也。在乎群猛之中，猾狡乎激奇之際

　　按：《真誥》卷 17 作「九絕獸，神禽也。罔起此在乎群麗，掔揔乎激奇之際」。「掔揔」未詳。

（119）日月不足照其眉，八澤不足遊其足

　　按：《真誥》卷 17「照其眉」作「曜其目」，此文當據校「眉」作「目」。

（120）八宏為小，四極為近

　　按：《真誥》卷 17「宏」作「紘」。紘、宏，正、借字。趙益改「宏」作「紘」（P60），殊無必要。《金籙齋懺方儀》：「凝輝六合，蠢類昭蘇；流覬八宏，群生咸泰。」P.3765V《發願文》：「故得名傳日下，譽播八宏。」S.2575V《判稿》：「鏡（鎮）一道一（之）關河；七德兼明，匡八宏之獷俗。」均作借字。

（121）句金錫五芝之寶，滄浪施長年之珍

　　按：「錫」、「施」皆「賜」轉語。錫讀為賜無煩舉證。《新序・雜事二》：「財者，君之所輕；死者，士之所重也。君不能施君之所輕，而求得士之所

重，不亦難乎？《吳越春秋・勾踐陰謀外傳》「施」作「易」，並讀為賜。P.2226V：「惟願十方大士，乘（垂）悲願而護持；三世如來，施醍醐之妙藥。」P.2631、P.2854、S.343「施」作「賜」。

卷四《運象篇》第四

（1）皆得掇玄華而揖玉腴

按：揖，讀為挹，舀取。

（2）將必相與把臂太虛，駕絡慶雲矣

按：「駕絡」疑當乙作「絡駕」。

（3）該其優者，不足為勞；披於艱者，可以表心

按：優，《雲笈七籤》卷98同，《墉城集仙錄》卷5作「擾」。「優」是「擾」形誤。

（4）始入此月，公私艱掇，未獲從心

按：掇，讀為惙，憂也，疲也。

（5）令懃者懃其事，耽其玄微耳

按：道藏本「耽」作「躭」，麥谷本（P129）、趙益本（P63）均與底本不符。《墉城集仙錄》卷3作「耽」。

（6）學道之難，不可書矣

按：書，《諸真歌頌》、《雲笈七籤》卷97同，《墉城集仙錄》卷3形誤作「盡」。

（7）賢者之舉，自更始爾，今且當內忘

按：《諸真歌頌》、《雲笈七籤》卷97同，《墉城集仙錄》卷3「始」誤作「悟」，「今」誤作「令」。《諸真歌頌》「自」誤作「目」。

（8）每空懷以向真，單誠以汎道者，雖欲不教，其可得乎

按：單，讀為殫。「空懷」當乙作「懷空」。《抱朴子外篇・審舉》、《疾謬》

有「懷空抱虛」語。

（9）交頸金庭內，結我冥中朋

麥谷曰：交頸，《莊子·馬蹄》曰：「夫馬陸居則食草飲水，喜則交頸相靡，怒則分背相踶，馬知已此矣。」（P131）

按：交頸，《眾仙讚頌靈章》作「交棲」，《墉城集仙錄》卷5、《雲笈七籤》卷98作「交栖」。冥，《眾仙讚頌靈章》、《雲笈七籤》同，《集仙錄》作「真」。「冥」是「真」形誤。

（10）俱挹玉醴津，儵歘已嬰童

按：儵歘，《眾仙讚頌靈章》、《墉城集仙錄》卷5作「倏忽」，《雲笈七籤》卷98作「倏忽」。

（11）玄清眇眇觀，落景出東潯

按：眇眇，《諸真歌頌》、《雲笈七籤》卷97同，《墉城集仙錄》卷3作「渺渺」。

（12）豈謂虛空寂，至韻故常在

按：《諸真歌頌》、《雲笈七籤》卷97「謂」作「期」，「故」作「固」。

（13）借問朋人誰，所存唯玉子

按：子，《諸真歌頌》、《雲笈七籤》卷97作「女」。「子」與上文「采、待、在、里」合子部韻。「女」魚部，亦旁轉押韻。文義俱通，各從本書可也。

（14）斯人矣，豈不長揖南面，永謝千乘乎

按：永，《墉城集仙錄》卷3同，《諸真歌頌》、《雲笈七籤》卷97形誤作「求」。

（15）步空觀九緯，八剛皆已遊

麥谷曰：剛，《雲笈七籤》卷98作「綱」，今從《雲笈七籤》。（P135）
按：《眾仙讚頌靈章》、《墉城集仙錄》卷5亦作「綱」。

（16）懃懈不相淹，是以積百憂

按：淹，《眾仙讚頌靈章》、《墉城集仙錄》卷 5、《雲笈七籤》卷 98 作「掩」。掩、淹，正、借字。

（17）高會太林墟，寢宴玄華宮

按：寢，《類說》卷 33 引同，《諸真歌頌》、《墉城集仙錄》卷 3、《雲笈七籤》卷 97 作「賞」。《真誥》卷 13「寢宴含真館，高會蕭閑宮」，文例同。

（18）信道苟淳篤，何不棲東峰

按：淳，《諸真歌頌》、《雲笈七籤》卷 97 同，《墉城集仙錄》卷 3、《類說》卷 33 作「純」。

（19）陵波越滄浪，忽然造金山

按：陵，《眾仙讚頌靈章》、《墉城集仙錄》卷 5、《雲笈七籤》卷 98 作「凌」。

（20）晏眄廣寒宮，萬椿愈童嬰

按：眄，《諸真歌頌》、《雲笈七籤》卷 97 同，《墉城集仙錄》卷 3 誤作「盼」。

（21）我途豈能尋，使爾不終彫

按：不終，《墉城集仙錄》卷 5 同，《眾仙讚頌靈章》、《雲笈七籤》卷 98 作「終不」。當據乙作「終不」，麥谷氏（P133）、趙益（P66）並失校。

（22）八狼携絳旌，素虎吹角簫

按：旌，《諸真歌頌》、《雲笈七籤》卷 97 同，《墉城集仙錄》卷 3 作「旂」。

（23）解轡佳人寢，同炁自相招

按：寢，《諸真歌頌》、《墉城集仙錄》卷 3、《雲笈七籤》卷 97 作「所」。

（24）椿期會足衰，劫往豈足遼

按：豈足，《諸真歌頌》、《雲笈七籤》卷 97 同，《墉城集仙錄》卷 3 作「豈云」。

（25）真真乃相目，莫令心徂疢（側交反）

按：疢，《諸真歌頌》、《墉城集仙錄》卷3、《雲笈七籤》卷97作「抄」。徂，讀作沮。抄，讀作訬，俗作吵，擾也。「疢」又「抄」增旁俗字。

（26）朝啟東晨暉，飛軿越滄淵

按：淵，《諸真歌頌》、《雲笈七籤》卷97作「溟」，《墉城集仙錄》卷3作「泉」。「泉」是「淵」避諱字。

（27）迴盳易遷房，有懷真感人

按：盳，《諸真歌頌》、《雲笈七籤》卷97同，《墉城集仙錄》卷3誤作「盼」。

（28）紫軿騰太空，麗盳九虛外

麥谷曰：麗，俞本作「曬」，今從俞本。（P135）

按：四庫本、學津討原本「麗」作「曬」。《諸真歌頌》、《雲笈七籤》卷97「空」作「虛」，「麗盳」作「曬盳」。《墉城集仙錄》卷3「麗盳」作「曬盼」。「盼」是「盳」形誤，「曬」是「曬」形誤。麗，讀作覶，俗作曬，視也。《釋名》：「眸子明而不正曰通視，言通達目匡一方也。又謂之麗視。麗，離也。言一目視天，一目視地，目明分離，所視不同也。」「麗盳」即「麗視」，猶言斜視。

（29）駕景盳六虛，思與佳人遊

按：盳，《洞玄靈寶玉京山步虛經》（下文省稱作《步虛經》）、《三洞讚頌靈章》卷中誤作「盼」，「佳人」作「真人」。

（30）妙唱不我對，清音與誰投

按：與誰投，《步虛經》、《上清迴耀飛光日月精華上經》（下文省稱作《精華上經》）、《三洞讚頌靈章》卷中作「無誰投」，《眾仙讚頌靈章》、《雲笈七籤》卷98作「誰可投」。

（31）雲中騁瓊輪，何為塵中趨

按：下句《步虛經》、《三洞讚頌靈章》卷中作「孰為塵土儔」，《精華上經》作「孰為塵中儔」，《墉城集仙錄》卷5作「何為塵中儔」。

（32）蘩葩盛嚴冰，未肯懼白雪

按：蘩葩，《眾仙讚頌靈章》、《雲笈七籤》卷 98 作「繁葩」，《墉城集仙錄》卷 5 作「繁條」。

（33）神玉曜靈津，七元煥神扉

按：玉，《諸真歌頌》、《雲笈七籤》卷 97 同，《墉城集仙錄》卷 3 誤作「王」。

（34）齊此天人眄，協彼晨景飛

按：眄，《諸真歌頌》、《雲笈七籤》卷 97 同，《墉城集仙錄》卷 3 誤作「盻」。

（35）靈雲鬱紫晨，蘭風扇綠軺

按：鬱，《眾仙讚頌靈章》、《太清金液神氣經》（下文省稱作《神氣經》）卷下、《雲笈七籤》卷 99 同，《無上祕要》卷 20 作「蔚」，一聲之轉。

（36）翫彼八素翰，道成初不遼

按：不，《無上祕要》卷 20、《神氣經》卷下同，《眾仙讚頌靈章》、《雲笈七籤》卷 99 形誤作「六」。

（37）清淨願東山，蔭景栖靈穴

按：蔭，《眾仙讚頌靈章》、《墉城集仙錄》卷 5、《雲笈七籤》卷 98 作「廕」。

（38）愔愔閑庭虛，翳薈青林密

按：翳，《墉城集仙錄》卷 5 同，《眾仙讚頌靈章》、《雲笈七籤》卷 98 作「蘙」。

（39）圓曜映南軒，朱鳳扇幽室

麥谷曰：《元始無量度人上品妙經四注》卷 2 曰：「參駕朱鳳五色玄龍。」嚴東注曰：「參，雜也。雜駕朱雀、鳳凰、五色之龍、白虎、玄武也。」（P141）

按：朱鳳，《眾仙讚頌靈章》、《墉城集仙錄》卷 5、《雲笈七籤》卷 98 作「朱風」。

（40）拱袂閑房內，相期啟妙術

按：啟，《眾仙讚頌靈章》、《雲笈七籤》卷 98 同，《墉城集仙錄》卷 5 作「探」。

（41）縱心空同津，總轡縱策朱軿

按：道藏本「策」上無「縱」字，麥谷本誤衍（P141）。上文「總轡縱六合外，寧有傾與危」，下文「飛軿出西華，總轡縱忽來尋」，麥谷本亦均誤衍「縱」字（P134、144）。《眾仙讚頌靈章》《墉城集仙錄》卷 5、《雲笈七籤》卷 98「同」作「洞」，「總」作「竦」。

（42）佳人來何遲，道德何時成

按：《墉城集仙錄》卷 5、《雲笈七籤》卷 98 同，《眾仙讚頌靈章》「道」脫誤作「首」。

（43）八途會無宗，乘運觀囂羅

按：會，各書同，獨《上清道寶經》卷 3 誤作「合」。

（44）化浮塵中際，解衿有道家

按：際，《諸真歌頌》、《雲笈七籤》卷 97 同，《洞玄靈寶玉京山步虛經》（下文省稱作《步虛經》）、《三洞讚頌靈章》卷中作「除」。「除」是「際」形誤。化浮，猶言變化浮沉。

（45）騁煙忽未傾，攜真造靈阿

按：傾，《諸真歌頌》、《雲笈七籤》卷 97 同，《步虛經》、《三洞讚頌靈章》卷中作「頃」。騁，《三洞讚頌靈章》卷中同，《步虛經》作「聘」，《諸真歌頌》、《雲笈》作「眄」。「聘」、「眄」均形誤字。

（46）虛景盤瓊軒，玄鈞作鳳歌

按：盤，《步虛經》、《三洞讚頌靈章》卷中、《上清道寶經》卷 3 作「瞻」，《諸真歌頌》、《雲笈七籤》卷 97 作「磐」。疑「瞻」字誤。

（47）齊德秀玉京，何用世間多

按：京，《步虛經》、《三洞讚頌靈章》卷中同，《諸真歌頌》、《雲笈七籤》

卷 97 誤作「景」。麥谷氏舉證「玉京」是山名（P143），是也，茲補舉二條早期文獻：《洞真太上神虎隱文》：「神宗理靈襟，龍翰秀玉京。」《上清高上滅魔洞景金元（玄）玉清隱書經》：「寢宴頤綠房，飛步秀玉京。」

（48）坦夷觀天真，去累縱衆情

按：上句，《諸真歌頌》、《雲笈七籤》卷 97 誤作「但觀夷天真」，不辭。

（49）體寂廢機駟，崇有則攝生

麥谷曰：機駟，《易・繫辭傳上》曰：「言行，君子之樞機。」《論語・顏淵》曰：「駟不及舌。」（P143）

按：《諸真歌頌》、《雲笈七籤》卷 97「機駟」同。然「機駟」不辭，疑當作「機罟」。典出《莊子・逍遙遊》：「莊子曰：『子獨不見狸狌乎？卑身而伏，以候敖者，東西跳梁，不避高下，中於機辟，死於罔罟。』」

（50）薄宴塵飆領，代謝緣還歸

按：領，《諸真歌頌》、《雲笈七籤》卷 97 作「嶺」。

（51）林振須類感，雲蔚待龍吟

按：蔚，《諸真歌頌》、《墉城集仙錄》卷 2、《雲笈七籤》卷 97 作「鬱」，一聲之轉。

（52）悼此四羅內，百憂常在心

按：羅，《墉城集仙錄》卷 2 同，《諸真歌頌》、《雲笈七籤》卷 97 作「維」。「維」是「羅」脫誤。

（53）同風自齊氣，道合理亦親

按：親，《諸真歌頌》、《雲笈七籤》卷 97 作「然」。「親」、「然」二字均合韻，文義亦各通。然，宜也。

（54）東岑可長淨，何為物所纏

按：淨，《諸真歌頌》、《雲笈七籤》卷 97 作「靜」。

（55）服炁挹夜（液），卒獲其益

　　麥谷曰：夜，俞本作「液」，今從俞本。（P147）

　　按：四庫本、學津討原本亦作「液」。然「液」字非是，麥谷說非也。「挹夜」指挹夜明。《洞真金元（玄）八景玉籙》：「吐故受新，攝精逐穢，除邪念之紛交，藏真正之寶貴，漱晨華以招日皇，挹夜明以抱月珠。」《三洞珠囊》卷3引《大洞經》：「道君散教養形，吐故受新，攝精逐穢，漱晨華以招日皇，挹夜明以抱月珠。」

（56）阿映遂能絕志山林，勤心道味

　　按：道味，《三洞群仙錄》卷12引《丹臺新錄》作「味道」，《上清靈寶大法》卷9、11、《靈寶無量度人上經大法》卷27同。此文當據校正，麥谷氏（P145）、趙益（P70）並失校。

（57）於是司命敕吾舉之，使奏聞上宮，迻名東方諸，署為地仙

　　按：迻，道藏本作「移」，麥谷本與底本不符（P145）。下二句，《三洞群仙錄》卷12引《丹臺新錄》作「移名東渚，立為地仙」。疑「方」衍文，「諸」當作「渚」。

（58）亦賴龔幼節、李開林助映為答對

　　按：龔幼節，《洞玄靈寶自然九天生神玉章經解》卷中誤作「龔初節」。

（59）是以坂泉流血，無違龍髯之舉

　　麥谷曰：坂泉流血，《史記·五帝本紀》曰：「（軒轅）以與炎帝戰於坂泉之野。三戰，然後得其志。」（P149）

　　按：「龍髯」典出《史記·封禪書》：「黃帝采首山銅鑄鼎於荊山下，鼎既成，有龍垂胡髯下迎黃帝。」

（60）已死之命，懸於阿手。窮垂之身，撫之如子

　　按：窮垂，《洞玄靈寶自然九天生神玉章經解》卷中、《玄品錄》卷3作「垂窮」。此文當據校正，麥谷氏（P146）、趙益（P72）並失校。

（61）納納長者，蔚蔚內明

　　麥谷曰：《楚辭·九歎》曰：「衣納納而掩露。」王逸注曰：「納納，濡濕

貌也。」（P152）

按：麥谷所引不切文義，非是。納納，柔弱貌，專字作「軜軜」，又音轉作「懦懦」。《廣雅》：「柔、懦、軜，弱也。」《玉篇殘卷》：「納，柔奕納納為軜字，在《韋部》。」「蔚蔚」即「鬱鬱」，盛貌。

（62）撥於昔累，非復故形

按：撥，讀為蔽。

（63）縈淳之仙才，又當勗進德修業，淡然虛盻

麥谷曰：縈淳，張衡《思玄賦》曰：「瞻崐崘之巍巍兮，臨縈河之洋洋。」《真誥》卷 14 曰：「八淳山高五千里，周匝七千里，與滄浪方山相連比，其下有碧水之海。」（P153）

按：《文選·思玄賦》舊注：「縈，紆也，言河之曲也。」又「八淳」是山名，依麥谷氏所引，則「縈淳」不知所云。麥谷氏不達訓詁，所引殊誤。縈淳，也作「瀠淳」，本指小水貌，引申指小貌，此指小才貌。《上清高聖太上大道君洞真金元（玄）八景玉籙》：「弘模瀠淳，虛遷幽閒。」唐人裴迪《金屑泉》：「縈淳澹不流，金碧如可拾。」劉禹錫《蒙池》：「瀠淳幽壁下，深淨如無力。」《西京雜記》卷 4 引鄒陽《酒賦》「關中白薄，青渚縈停」，《初學記》卷 26 引作「縈溳」，「縈停」、「縈溳」必是「縈淳」形誤。轉語亦作「榮濘」，《說文》：「濘，榮濘也。」倒文轉語亦作「濔澄」、「濔淡」、「灟淡」、「灟濘」、「淳濘」、「汀澄」，《慧琳音義》卷 80「濔澄」條引《考聲》：「濔澄，小水也。」又引《甘泉賦》：「猶弱水之濔澄。」又卷 92 引《甘泉賦》同，《漢書·揚雄傳》作「濔瀁」，《文選》作「灟淡」；李善、顏師古並訓作「小水貌」。《後漢書·杜篤傳》《論都賦》：「且洛邑之淳濘，曷足以居乎萬乘哉？」李賢注引《甘泉賦》作「濔濘」，訓作「小貌」；「濔濘」形容洛邑，故引申指小貌也。《慧琳音義》卷 83「汀澄」條引《考聲》：「汀澄，小水兒。」又轉作「濔濘」、「汀濘」，《廣韻》：「濔，濔濘，水兒。」《文選·七命》：「何異促鱗之遊汀濘，短羽之棲翳薈？」又引申指小心貌，心恨貌，不得志貌，字作「憕丁」。裴務齊《正字本刊謬補缺切韻》：「憕，憕丁，心恨。」P.3694《箋注本切韻》：「憕，憕丁，心恨也。」倒文作「忊憕」，蔣斧印本《唐韻殘卷》、P.2011 王仁昫《刊謬補缺切韻》、裴務齊《正字本刊謬補缺切韻》並云：「汀，汀澄，不遂志。」《集韻》：「憕，忊憕，恨也。」又「忊，忊憕，恨也。」又「忊，

忉懫，不得志貌。」

（64）策龍上造，浮煙三清

按：造，《雲笈七籤》卷 106 引《許邁真人傳》作「超」。超，讀為造，至也。《太上洞玄靈寶智慧罪根上品大戒經》卷下：「駕景策龍，上登玉清。」

（65）寔真仙之領帥，友長里之先生

趙益曰：領帥，《雲笈七籤》卷 106 引作「師友」。（P74）

按：趙氏校上句，卻失校下句，粗心之至。《雲笈七籤》卷 106 引《許邁真人傳》作「寔真仙之師友，乃長里之先生」。此文當據校正，「領」字衍文，「帥」當作「師」，「友」屬上句，又脫「乃」字。《洞真高上玉帝大洞雌一玉檢五老寶經》：「得之者皆為真仙之師友。」

（66）必當封牧種邑，守伯仙京，傅佐上德，列書絳名

趙益曰：種，《雲笈七籤》卷 106 引作「鍾」。（P74）

按：《雲笈七籤》卷 106「傅」形譌作「傳」。《上清明堂元真經訣》：「長史當封牧種邑。」「種」當作「鍾」。「鍾邑」指鍾山。

（67）按張係師為鎮南將軍，建安二十一年亡，葬鄴東。後四十四年，至魏甘露四年，遇水棺開，見尸如生，出著牀上，因舉麈尾覆面，大笑咤，又亡，仍更殯葬

按：《三洞群仙錄》卷 13 引「鄴東」誤作「鄰東」，又「遇水棺開」作「遇大風，木棺開」，殆臆改。

（68）自世事乖玄，斯業未就，便當蹔履太陰，潛生冥鄉

按：乖玄，《上清眾真教戒德行經》（下文省稱作《德行經》）卷下、《雲笈七籤》卷 98 同，《無上祕要》卷 42 作「乖牙」，《墉城集仙錄》卷 5 作「乖互」。「玄」、「牙」均「互」形譌。「互」俗字作「㸦」，與「牙」形近。麥谷氏（P154）、趙益（P75）並失校。

（69）陶氣絕篇，受精玄漠

按：漠，《德行經》卷下、《無上祕要》卷 42、《墉城集仙錄》卷 5、《雲笈七籤》卷 98 同，《上清道類事相》卷 1 引誤作「漢」。

（70）務光剪韭以入清泠之淵

麥谷曰：《列仙傳·務光》曰：「務光者……好琴，服蒲韭根……負石自沉於蓼水。」《莊子·讓王》曰：「舜以天下讓其友北人無擇……因自投清泠之淵。」（P158）

按：「清冷」當作「清泠」，麥谷氏（P155）失校。趙益本徑作「清泠」（P76），與底本不符。麥谷氏所引《莊子》「清泠」，褚伯秀《南華真經義海纂微》本、王雱《南華真經新傳》本、道藏注疏本、道藏白文本、明世德堂本均作「清泠」，《文選·薦譙元彥表》、《演連珠》李善注引同，景宋本《淮南子·齊俗篇》亦同〔註20〕。《呂氏春秋·離俗》轉語作「蒼領」，又音轉作「滄浪」〔註21〕。

（71）視足不青、皮不皺者，亦尸解也

按：皺，《神氣經》卷下誤作「聚」。

（72）頭髮盡脫而失形骨者，皆尸解也

按：脫，讀作髻，髮落也。

（73）七魄營侍，三魂守宅

按：營侍，《無上祕要》卷87引《洞真太極帝君填生五藏上經》、《三洞珠囊》卷3引《登真隱訣》、《雲笈七籤》卷74引《太上巨勝腴煮五石英法》、《太平廣記》卷58引《魏夫人傳》同，《雲笈》卷86引《真誥》作「榮衛」。榮，讀作營。下文「三魂營骨，七魄衛肉」，亦可參證。

（74）當生之時，即更收血育肉，生津成液，復質成形

按：更，《無上祕要》卷87、《雲笈七籤》卷74同，《三洞珠囊》卷3、《雲笈七籤》卷86誤作「便」。更，猶言再也，復也。

〔註20〕道藏本《淮南子》亦誤作「清冷」。

〔註21〕參見朱駿聲《說文通訓定聲》，武漢市古籍書店1983年版，第902頁。許維遹《呂氏春秋集釋》卷19，中華書局2009年版，第510頁。馮振《呂氏春秋高注訂補（續）》，《學術世界》第1卷第10期，1935年版，第90頁。于省吾《呂氏春秋新證》卷2，收入《雙劍誃諸子新證》，中華書局2009年版，第777頁。

（75）其用他藥得尸解，非是用靈丸之化者，皆不得反故鄉，三官執之也

　　按：「反故鄉」三字當重，《御覽》卷 664 引已脫。言若反故鄉，則三官執之也。《御覽》卷 665 引作「皆不得反故鄉。反故鄉，三官執之也」，《無上祕要》卷 87 同，《雲笈七籤》卷 84 作「皆不得返故鄉。返故鄉，則為三官執之也」。麥谷氏（P160）、趙益（P77）並失校。

卷五《甄命授》第一

（1）老君處其左，佩神虎之符，帶流金之鈴，執紫毛之節，巾金精之巾

　　按：上「巾」字，《上清太上帝君九真中經》卷上、《無上祕要》卷 17 引《洞真九真中經》同，《御覽》卷 675 引《列仙傳》作「頂」。巾指頭巾，上「巾」字用作動詞，下文「當巾天青」用法同。

（2）十二試之，有三不過。後服金汋而升太極

　　麥谷曰：金汋，《真誥》卷 5：「若得金汋神丹，不須其他術也，立便仙矣。」（P178）

　　按：金汋，《御覽》卷 659 引作「金液」。下文「遂見仙人授以金汋之方」，《無上祕要》卷 65、《仙苑編珠》卷中引亦作「金液」。《抱朴子內篇・金丹》「以承日月，得〔神〕液如方諸之得水也，飲之不死」〔註22〕，《雲笈七籤》卷 67 引作「神汋」。《太清金液神丹經》卷中：「作金液還丹之道……已內霜雪中，以上箭蓋之。輒代赭、瓦屑如之以塗其會，牢塗之，無令泄，泄則華汋飛去。」「華汋」即是「金液」。考《釋名・釋形體》：「汋，澤也，有潤澤也。」「汋」當是「澤」音轉，「澤」與「液」音轉〔註23〕。

（3）為道當令三關恒調，是根精固骨之道也

　　趙益曰：根，《無上祕要》卷 42 引作「積」。（P87）

　　按：《上清太上帝君九真中經》卷下：「麥門冬四兩，去心，以鎮精神，

〔註22〕「神」字據《御覽》卷 4、985 引補。
〔註23〕參見蕭旭《〈釋名〉「汋」字再議》。

養靈液，固百骨。」《無上祕要》卷 88 引作「填神精，養靈液，固骨」。「根精」不辭，「根」、「積」疑「填」形誤，借作「鎮」，安定也。「精」指精神，不指精髓。

（4）三關者，口為心關，足為地關，手為人關，謂之三關

按：《無上祕要》卷 42、《御覽》卷 668、《三洞群仙錄》卷 2 引《真誥》「心」作「天」。作「天」是，《黃庭內景玉經・三關章》：「口為天關精神機，足為地關生命扉，手為人關把盛衰。」亦是其證。《上清太上開天龍蹻經》卷 5 云「足為地關，口為心關，手為天關」，尤誤。

（5）欲學道者，當巾天青，咏大曆，踊雙白，徊二赤

按：《仙苑編珠》卷上引「巾」形誤作「中」。踊，《御覽》卷 668 引作「**踏**」，《仙苑編珠》引作「躢」，《雲笈七籤》卷 110 引《洞仙傳》作「跖」。《上清太上帝君九真中經》卷下：「太上太道君吟曰：『上紫門，望八晨……巾天青，詠太曆……躢雙白，引紫童，徊二赤，藏太素，隱華壁。」（《上清紫精君皇初紫靈道君洞房上經》「徊」作「回」，餘同）。「**踏**」是「踏」形譌。「冉」俗作「**朿**」形，「踊」是「踊（踊）」形譌字。踊，踐踏也，跖、躢亦踏也（參見下文「踊空」條）。麥谷氏（P177）、趙益（P87）並失校。

（6）人生有骨錄，必有篤志，道使之然

按：骨錄，《御覽》卷 670 引作「骨籙」。

（7）遇師不覺，覺師不懃，懃不守道

按：二「覺」，《御覽》卷 659 引作「學」，《無上祕要》卷 7 引《洞真太極寶籙上經》作「悟」。《七域修真證品圖》：「五患有其師而不學，六患能學之而不勤，七患能勤而不能守道。」「覺」當讀作「學」。作「悟」恐臆改。

（8）或志不固，固不能久

按：或，《御覽》卷 659 引同，《無上祕要》卷 7 引《洞真太極寶籙上經》作「惑」。「惑」當作「或」，猶有也。《洞真太上素靈洞元大有妙經》：「患人有志不固，固不能久。」《金闕帝君三元真一經》同。

（9）夫喜怒損志，哀感損性，榮華惑德，陰陽竭精

按：道藏本「感」作「惑」，麥谷本誤也（P185）。哀感損性，《雲笈七籤》卷33作「哀樂害性」。

（10）體象五星，行恒如跚空

按：《登真隱訣》卷中有注，作「體象五星（謂如裴君所存，五星在左右前後頭上也），行常如跚空（行步若在雲虛之中，非如履斗乘綱也）」。亦作「跚」字。「跚」從刪省聲，古音與「散」通〔註24〕，故俗字亦作「蹝」。古音「散」、「戔」相通〔註25〕，此「跚（蹝）」是「踐」轉語。「冊」或作「𢧵」、「戔」〔註26〕，是其比也。「跚」、「踐」又音轉作「跣」，復轉作「蹮」、「躚」，皆踐踏、蹈踏之義。「跚」又誤作「蹋」字（參見上文「蹋雙白」條）。《太上無極大道自然真一五稱符上經》卷下：「子欲跚（跚—跚）天道，當得九天圖。」敦煌寫卷 P.2440《靈寶真一五稱經》「跚」作「躡」，《御覽》卷 659、《雲笈七籤》卷 80 引同，躡亦踐踏也。宋紹興本《抱朴子內篇·暢玄》：「履略蜿虹，踐跚旋璣。」王明曰：「踐跚旋璣，《敦煌》作『躡踐旋機』。《校勘記》：『榮案盧本跚作蹋。』明案『踐跚』似當作『踐蹋』，踐踏之意。」〔註27〕宋紹興本、道藏本、明魯藩本都作「踐跚」，明盧舜治本、慎懋官本作「踐蹋」乃以意改。盧、王仍未得其字，「踐跚」是音轉複合詞。《抱朴子外篇·嘉遁》：「不能凌厲九霄，騰跚玄極。」楊明照曰：「《淮南子·原道》：『蹈騰昆侖。』《玉篇》：『蹮，蹮跚，旋行貌。跚，蹮跚。』《廣韻》：『跚，蹮跚，跛行兒。』照按：『騰跚』二字當互乙，文意始合。『跚騰玄極』與《淮南子》之『蹈騰昆侖』，句法正相似也。」〔註28〕楊氏理解「騰跚」與「蹈騰」同，是也，但引《篇》《韻》「蹮跚」則誤，且乙「騰跚」為「跚騰」亦殊不必。此「跚」亦是「踐」音轉。騰踐猶言騰踏、蹈騰。俗音「跚」又音轉作「踩」。

〔註24〕「盤跚」、「槃跚」、「蹣跚」、「蟹姍」、「蟹蹣」轉語作「槃散」、「盤散」，是其例。

〔註25〕參見蕭旭《馬王堆漢簡〈十問〉校補》。

〔註26〕《周禮·考工記》「則是以博為慽也」，鄭玄注：「或者讀為羊豬戔之戔。」《釋文》：「『羊豬戔』之語未見出處，俗謂羊豬脂為冊，音素干反，豈取此乎？」

〔註27〕王明《抱朴子內篇校釋》，中華書局 1985 年版，第 7 頁。王氏所舉敦煌本，指中村不折舊藏 132 號寫本。《中村不折舊藏禹域墨書集成》卷中，東京二玄社 2005 年版，第 293 頁。

〔註28〕楊明照《抱朴子外篇校箋》，中華書局 1997 年版，第 8 頁。

（11）知鬼試，則思七星在面前，亦可在頭上，以却之

　　按：却，《登真隱訣》卷中誤作「去」。

（12）世人之食桃檔以補身，不知桃皮之勝也

　　按：《神仙服餌丹石行藥法》：「桃皮有膠，成於神仙，餌桃檔更遲後於散屑也。」桃皮指桃樹皮，而不是桃實之皮。「桃檔」不詳。疑檔讀為瓠，指桃瓠。

（13）王屋山……下生鮑濟之水，水中有石精，得而服之可長生

　　按：《天壇王屋山聖跡記》引作「其下即生泡濟之水，中有水芝，人得服者長生耳」。「鮑濟」、「泡濟」均無考。

（14）入石室，東北角有石牖（此作之葉反音，即是大瓮也，或可是石牖）

　　按：石牖，《御覽》卷 666 引《抱朴子》作「石甕」，又云「或作石牖」（其出處當是本書，前引數條均是《真誥》）；《三洞群仙錄》卷 18 引《丹臺新錄》作「石牖」。「牖」指大甕，近是也，讀作甀，字亦作墌，《集韻》：「甀、墌，盎屬，或從土。」盎指盆也。

卷六《甄命授》第二

（1）於是淳音微唱，和風合起，二明鑒暉，霄翳無待也

　　按：鑒，《墉城集仙錄》卷 3 作「銜」。

（2）擁萌肇於未剖，塞萬源於機上，含生反真，觸類藏初

　　按：《墉城集仙錄》卷 3 同，宋蕭真宰《黃帝陰符經解義》引「初」誤作「邪」。《太上大道玉清經》卷 4：「欲請天尊自在神力防遏萬原之端，擁未萌於機上，使合生復根，億兆藏初。」與此文可以互證。擁讀為壅，亦塞也。「合」當作「含」。

（3）爰可矧萬歲以為天（夭），願嬰札而長和耳

　　麥谷曰：天，俞本作「夭」，今從俞本。（P197）

按：《墉城集仙錄》卷3「矧」作「哂」，「夭」作「夭」，「札」作「亂」。哂、矧，正、借字。哂，笑也，字亦作吲。札亦夭也。「亂」是「札」俗字，與「乿」俗譌字作「亂」是同形異字。

（4）何事體造靈神之冥鄉，心研殊方之假外哉

按：《墉城集仙錄》卷3同，「假」下有注：「音退。」「假」是「退」借字。

（5）誠宜步天元之妙攝，推萬精以極妙，尋九緯以挺生，覿晨景之迴照

按：《墉城集仙錄》卷3「妙攝」作「領攝」，「迴」作「迴」。此文當據校正，麥谷氏（P194）、趙益（P94）並失校。

（6）仰觀煙氣，則靈雲纏虛；俯昒六律，則八風扇威

按：昒，《墉城集仙錄》卷3誤作「眄」。

（7）浮煙籠象，清景遁飛

麥谷曰：象，俞本作「蒙」，今從俞本。（P197）

按：趙益從麥谷說校作「蒙」（P94），其說非是，「象」字不誤。《墉城集仙錄》卷3亦作「象」。《太上大道玉清經》卷4：「神煙籠象，七曜收輝。」

（8）林卉停偃，百川開塞

趙益曰：開，《墉城集仙錄》卷3引作「閉」。（P95）

按：「開」當作「閉」。麥谷氏失校（P194）。

（9）洪電縱橫而呴沸，雷震東西而折裂

按：折，《墉城集仙錄》卷3作「坼」。此文當據校正，麥谷氏（P194）、趙益（P95）並失校。二氏均知此文亦見《集仙錄》，却不能據正，惜乎！坼亦裂也。「呴」同「唃」，俗作「吼」，怒叫也。《洞真太上說智慧消魔真經》卷1：「六眴螢瞻，五虎呴沸。」《上清九天上帝祝百神內名經》作「呴咈」。沸、咈，並讀為艴，大怒也。

（10）亢悔載窮於乾極，睹群龍獲示流血乎坤野爾

趙益曰：「亢悔」句，《墉城集仙錄》卷3引作「亢悔則載窮於乾極，睹

群龍攫爪，則流血於坤野」。（P95）

　　按：「爾」字屬下句，麥谷氏（P）失其讀（P194），趙氏不誤。「攫示」不辭，是「攫爪」形誤，猶言爪持也。

（11）遊竟萬端，神鬼用謀

　　按：竟，《墉城集仙錄》卷3作「競」。此文當據校正，麥谷氏（P194）、趙益（P95）並失校。

（12）御六氣者定壽，服靈芝者神逸

　　趙益曰：定壽，《墉城集仙錄》卷3引作「壽延」。（P95）

　　按：「定壽」當據校正作「壽延」。

（13）奇方上術，演於清虛之奧，金簡玉札，撰於委羽之臺

　　按：《墉城集仙錄》卷3「簡」作「闕」，「札」作「剳」。作「闕」誤。

（14）軒蓋於流霞之陣，春昒於文昌之臺

　　按：道藏本「春」作「眷」，「臺」作「台」，麥谷本誤也（P195）。《墉城集仙錄》卷3「昒」誤作「盼」。下文「顧昒而圓羅邁矣」，《集仙錄》「昒」亦誤作「盼」。

（15）寶紱紆三元之贈，藥珮發丹林之房

　　按：道藏本「佩」作「珮」，麥谷本（P195）、趙益本（P96）均與底本不符。發，《墉城集仙錄》卷3形誤作「登」。

（16）上帝獻紫軿之重躍，太真錫流金之火鈴

　　按：躍，《墉城集仙錄》卷3作「曜」。此文當據校正，麥谷氏（P195）、趙益（P96）並失校。

（17）然後知高仙之道蓋上，尋靈之涂微妙，服御之致合神，吉凶之用頓顯也

　　趙益曰：蓋，《墉城集仙錄》卷3引作「益」。（P96）

　　按：《集仙錄》「涂」作「途」。「蓋」當作「益」。涂，讀作途。

（18）朝適六靈，使五藏生華

按：《墉城集仙錄》卷3「靈」作「虛」。《洞真太一帝君太丹隱書洞真玄經》：「朝適六合，夕守泥丸。」

（19）守閉元關，內存九真

按：《墉城集仙錄》卷3、《洞玄靈寶自然九天生神玉章經解》卷下引同。《洞玄靈寶自然九天生神章經解義》卷3引「元」作「玄」。此文當據校正，麥谷氏（P195）、趙益（P96）並失校。

（20）夫丹誠而疏綸者，亦奚用東鄰之太牢哉

按：道藏本「疏」作「蔬」，麥谷本與底本不符（P195）。當據《墉城集仙錄》卷3校作「疏」。

（21）旦頃以來，殺氣蔽天，惡煙弭景

按：趙益據《墉城集仙錄》卷3及本書第26條改「旦」作「自」（P96）。趙校非是。《墉城集仙錄》卷3「旦」作「且自」，「旦」是「且」形誤，脫「自」字。「自頃以來」是道經習語。弭，讀作彌，徧布也。

（22）或風寒關結，或流腫種痾

趙益曰：種，《墉城集仙錄》卷3引作「積」。（P96）

按：「種」當作「積」。《集仙錄》「關結」同，當作「閉結」。

（23）強內攝魂，益血生腦

按：《墉城集仙錄》卷3「內」誤作「肉」。

（24）所以長遠視久而更明也

趙益曰：明，《墉城集仙錄》卷3引作「靈」。（P97）

按：《集仙錄》「長」下有「生」字，亦當據補。麥谷氏（P195）失校。趙益已用《集仙錄》校「明」字異文，卻不見「生」字，龘疏已甚。

（25）夫道雖內足，猶畏外事之禍

按：《墉城集仙錄》卷3「事」作「來」。

（26）人多書煩，不能服一二記示之耳

　　麥谷曰：服，俞本作「復」，今從俞本。（P197）

　　按：四庫本、學津討原本亦作「復」，《墉城集仙錄》卷3同。

（27）於是時任子所運而御，亦無復夭傾也

　　按：《墉城集仙錄》卷3「御」上有「服」字。

（28）此誠有生和合、二象匹對之真要也

　　按：《墉城集仙錄》卷3「有」作「相」。

（29）若以道交接，解脫網羅，行諸節氣，却灾消患

　　按：《墉城集仙錄》卷3「接」作「用」，「解脫網羅」作「解網脫羅」，「却灾消患」作「却消灾患」。

（30）此雖相生之術、俱度之法，然有似騁冰車而涉乎炎州，泛火丹以浪於溺津矣

　　趙益曰：俱度之法，《墉城集仙錄》卷3引作「俱失度世之法」。（P98）

　　按：道藏本「丹」作「舟」，《瓊林經》、《墉城集仙錄》卷3引同，乃「舟」俗譌字〔註29〕；四庫本、重刊道藏輯要本、學津討原本作「舟」，《瓊林經》引同。麥谷氏（P196）、趙益（P98）並失校，以不識俗字也。「俱度之法」當據《集仙錄》補作「俱失度世之法」。《集仙錄》「州」作「洲」，「泛」作「汎」。涉，《集仙錄》同，當據《瓊林經》引校作「陟」，登也。

（31）若遂深入北塞而不御者，亦必絕命於匈奴之刀劍乎

　　按：遂，《墉城集仙錄》卷3作「逐」。此文當據校正，麥谷氏（P196）、趙益（P98）並失校。「逐深」為詞，言追逐而深入於北塞也。

（32）餌靈术以頤生，漱華泉於清川

　　按：《墉城集仙錄》卷3「於清川」作「以清神」。

〔註29〕字形參見毛遠明《漢魏六朝碑刻異體字典》，中華書局2014年版，第1228頁。

（33）研玄妙之祕訣，誦太上之隱篇

　　按：《墉城集仙錄》卷 3「訣」作「圖」。

（34）優哉悠哉，聊樂我云

　　按：《墉城集仙錄》卷 3「悠」作「游」。

（35）人為道亦苦，不為道亦苦。惟人自生至老，自老至病，護身至
　　　死，其苦無量

　　按：《上清眾真教戒德行經》（下文省稱作《德行經》）卷上「惟人」上有
「不為道亦苦者」六字，此文當據補，「惟人」云云，即其解釋。下文「為道
亦苦者，清淨存其真，守玄思其靈，尋師轗軻，履試數百，勤心不墮，用志堅
審，亦苦之至也」，則是解釋「為道亦苦」。據下文文例，此亦當有「不為道亦
苦者」句。護，《太上慈悲道場消災九幽懺》卷 1 引《太玄經》（下文省稱作
《太玄經》）、《德行經》同，《御覽》卷 668 引《登真隱訣》誤作「獲」。

（36）心惱積罪，生死不絕，其苦難說

　　按：生死，《四十二章經》、《御覽》卷 668 引《登真隱訣》同，《太玄
經》、《德行經》卷上誤作「至死」。《登真隱訣》「惱」誤作「腦」。

（37）尋師轗軻，履試數百

　　按：《德行經》卷上同，《御覽》卷 668 引《登真隱訣》作「尋師勞苦，
歷試數百」。履，經歷。

（38）勤心不墮，用志堅審

　　按：《太玄經》、《德行經》卷上「墮」作「惰」。惰、墮，正、借字。審，
《德行經》同，《太玄經》作「恪」。二句《御覽》卷 668 引《登真隱訣》作
「用志不墮」。

（39）視諸侯之位如過客，視金玉之寶如磚石，視紈綺如弊帛者

　　按：《四十二章經》「磚」作「礫」，「紈綺」作「氍素之好」。《太玄經》
「磚」作「礫」，「紈綺」作「紈素之貴」，「弊帛」作「絺綌」。《德行經》卷上
「磚」作「礫」，「紈綺」作「紈素之麗」。

（40）人之為道能拔愛欲之根者，譬如掇懸珠，一一掇之，會有盡
時，稍去外惡，會有盡時，盡則得道矣

按：二「掇」，《墉城集仙錄》卷5同，《四十二章經》作「摘」，《德行經》
卷上作「脫」。脫，讀作掇，拾取也。稍，《德行經》同，猶言漸也；《類說》
卷33引誤作「銷」。

（41）值太平太平壬辰之運為難也

按：道藏本「太平」二字不重，麥谷本誤衍（P206）。

（42）弟子雖去吾教（謂應作「校」字，皆猶差懸也）千萬里，心存
吾戒，必得道矣

麥谷曰：《四十二章經》：「佛言：『弟子去離吾數千里，意念吾戒必得道。』」
（P210）

按：教，《無上祕要》卷42引作「數」，《德行經》卷上同。「教」是「數」
形誤，不是「校」字。

（43）有惡知非，悔過從善，罪滅善積，亦得道也

按：滅，《德行經》卷上同，《墉城集仙錄》卷5誤作「減」。《道門科範
大全集》卷43：「一懺罪滅，萬善咸臻。」

（44）惡人害賢，猶仰天而唾，唾不汙天，還汙己刑（凡「刑」字，
皆應作「形」）。逆風揚塵，塵不汙彼，還灌其身。道不可毀，
禍必滅己

麥谷曰：《四十二章經》曰：「佛言：『惡人害賢者，猶仰天而唾，唾不污
天，還污己身；逆風坋人，塵不污彼，還坋于身。賢者不可毀，禍必滅己也。』」
（P210）

按：《德行經》卷上三「汙」及「灌」均作「汙」，《雲笈七籤》卷98四
「汙」作俗字「污」。《墉城集仙錄》卷5三「汙」作「污」，「灌」作「蒙」。
「坋」謂揚塵而附著於物也。

（45）夫學道者，行陰德莫大於施惠解救，志莫大於守身奉道

按：《德行經》卷上作「夫人學道者，行陰德莫大於施惠解救，患莫大於
守身奉道」，《墉城集仙錄》卷5、《雲笈七籤》卷98作「學道在陰德施惠解救

也，用志莫大於守身奉道」。「患」當作「志」。此文「志」上脫「用」字。

（46）要乃起東山屋舍，且可離（籬）護之耳

麥谷曰：離，俞本作「籬」，今從俞本。（P216）

按：四庫本、學津討原本亦作「籬」，《德行經》卷上同。離，讀作籬，不煩改字。睡虎地秦簡《秦律十八種・徭律》：「興徒以斬（塹）垣離散及補繕之。」「離散」即「籬柵」〔註30〕。

（47）問其故，未見答，問眾靈云：「我或爾耶？」未詳此意，欲識之

按：《德行經》卷上「或」作「惑」，「識」作「試」。

（48）夫可久於其道者，養生也。常可與久遊者，納氣也。氣全則生存，然後能養至。養至則合真，然後能久

按：《德行經》卷上「養生」作「養全」，二「養至」作「養生」。《無上祕要》卷100引《道迹經》「養生」同，下二句作「然後能養。養至則合真」。《服氣精義論》引「養生」同，二「養至」作「養志」（《雲笈七籤》卷57引《精義論》同）。此文二「至」字讀作「志」，《德行經》形誤作「生」，《無上祕要》脫一「至」字。

（49）生之為物，譬日月天地，此四象正與生生為對，夫生則四亦滅，非四象之滅，生滅之也

按：道藏本「夫生」作「失生」，麥谷本誤也（P214）。

（50）災遘禍生，形壞氣亡，起何等事邪

按：遘，《德行經》卷上同，《太平廣記》卷58引《魏夫人傳》作「逼」

（51）是以玄巢頹枝以墜落，百勝喪於一敗矣

按：玄，《德行經》卷上作「懸」，《太平廣記》卷58引《魏夫人傳》作「層」。玄，讀為懸。

〔註30〕參見劉釗《讀秦簡字詞札記》，《簡帛研究》第2輯，法律出版社1996年版，第110頁；又收入劉釗《古文字考釋叢稿》，嶽麓書社2005年版，第303頁。陳偉武《睡虎地秦簡核詁》，《中國語文》1998年第2期，第142頁。

（52）鴻鷺對南旅，以遐扇揚翩

按：旅，《德行經》卷上誤作「旋」。

（53）古之至人，獨秉靈一之符，玄覽委順之化，明坦途而合變，捫冥樞以齊物

按：《上清後聖道君列紀》：「獨秉靈臺之符，玄照委順之化，悟三炁而含變，冥神樞以齊真。」「臺」當作「壹」，同「一」。《太上大道玉清經》卷3：「又命右侍上真秉靈一之符。」「含」當作「合」，《一切道經音義妙門由起》引《道君列紀》正作「合」。《洞真高上玉清隱書經》：「合變冥樞，蕭朗上契。」

（54）馳驟之徒替真於崖分之外，躁兢之群饕利於形名之肆

按：學津討原本「兢」同，四庫本、重刊道藏輯要本作「競」，當據校作「競」。趙益本徑作「競」（P105），與底本不符。崖亦分際也，「崖分」複語。《莊子·山木》「送君者皆自崖而反」，成玄英疏：「崖，分也。」也作「涯分」，《莊子·養生主》「吾生也有涯」，成玄英疏：「涯，分也。夫生也受形之載，稟之自然，愚智脩短，各有涯分。」

（55）道家良鑱（謂應作「箴」字）

按：「箴」是正字，亦作鍼，俗作鑱、針。不煩改字。《廣雅》：「鍼，刺也。」《慧琳音義》卷11引「鍼」作「鑱」。

（56）履淹者，守一之至戒

麥谷曰：履淹，《真誥》卷7：「虎牙慎不可復履淹。」《登真隱訣》卷中曰：「若履殟穢及諸不潔處，當洗浴解形以除之。」（P218）

按：麥谷氏所引《登真隱訣》文，原書指出係引自《太上九變十化易新經》，其「殟穢」，《上清三真旨要玉訣》、《上清握中訣》卷中、《紫庭內秘訣修行法》、《無上祕要》卷66、《雲笈七籤》卷41引同；《真誥》卷9、《上清太極真人撰所施行秘要經》引作「淹穢」，《洞真西王母寶神起居經》引作「掩穢」。《玄都律文》「穢污法，不過晦朔，亦不得上章」，《雲笈》卷41引「穢污」作「淹洿（汙）」。《洞真太上素靈洞元大有妙經》：「不得冒穢履淹，輕慢寶經。」《洞真上清青要紫書金根眾經》卷下：「凡修此道，不得履淹入穢。」《洞真上清開天三圖七星移度經》卷下：「履淹冒穢，真亦遠也。」《洞真太上

八道命籍經》卷下「身履淹精，靈關失光」，《雲笈》卷 91「淹精」作「殗穢」，「精」是「穢」形誤。淹（殗、掩）是污穢義，斷無可疑。《集韻》：「魘，汙觸（濁）也，或作殗、裺、襘。」《說文》作「淦」，云：「淦，濁也。」《廣雅》：「洿（汙）、瀺、淦，濁也。」指汙穢。「奄」聲字「淹（殗、掩）」影母談部，「淦」泥母侵部。影母轉作疑母，復音變為泥母；侵、談旁轉。「淦」從今得聲，本是見母，與影母准雙聲。「今」聲字與「音」聲字古通，「音」聲字與「奄」聲字古通〔註31〕，遞相轉耳。「淹」轉語又作餡，《廣雅》：「餡、饐，臭也。」指穢臭。女不淨曰婙，其義亦一也。複音詞曰「腌臢」、「膰臢」，轉語作「肮髒」。馮利華曰：「殗音黶，表示污濁之義。《集韻·黶韻》：『魘，汙濁也，或作殗。』可知『淹』即是指水浸潦從而使物體腐敗，腐敗與汙濁其意義是相通的，都含不潔淨之意。」〔註32〕馮君以引申義說之，未得也；又所引《集韻》，各本均作「觸」字。

（57）知以無涯傷性，心以欲惡蕩真

按：二語亦見《莊子·人間世》郭象注，道藏本「涯」作「崖」；又見《太平廣記》卷 58 引《魏夫人傳》，「知」作「智」。

（58）在官無事，夷真內鍊，紛錯不穢其聰明，爭兢不交於胸心者，此道士之在官也

按：學津討原本「兢」同，四庫本、重刊道藏輯要本作「競」，《雲笈七籤》卷 89、92 引亦作「競」，當據校作「競」。趙益本徑作「競」（P106），與底本不符。《雲笈》二引，「胸心」作「心胸」。

（59）秀玄棲標者，雖山河崩潰而不眄；志道存真者，雖寒熱飢渴猶不護，此一往之至也

趙益曰：眄，《無上祕要》卷 65 引作「虧」。護，《無上祕要》卷 65 引作「廢」。（P106）

按：虧，衰退。護，讀作嫗，俗作嬎，戀惜不能去也。

〔註31〕分別參見張儒、劉毓慶《漢字通用聲素研究》，山西古籍出版社 2002 年版，第 1016、1023 頁。
〔註32〕馮利華《〈真誥〉詞語校釋三則》，《中國道教》2002 年第 3 期，第 39 頁。

（60）或因風以投間，或挾魈以結痾，將一切撥之而勿耳矣

按：《無上祕要》卷65引「魈」作「魅」，「將」作「持」，「耳」作「取」。趙益本「魈」誤作「魖」（P106）。趙益校「耳」作「取」，是也。「持」是「將」形誤。

（61）靈覺苟殊，百隙

按：道藏本「隙」作「隟」，其下復有「其如予何」四字，麥谷本誤也（P217）。

（62）章聞之，亦足以檢樸矣

按：道藏本「樸」作「撲」，麥谷本與底本不符（P217）。《無上祕要》卷65引「章」作「人」。

（63）夫真者，都無情慾之感，男女之想也

按：《枕中記》「真」上有「習」字，餘同。《雲笈七籤》卷33引孫思邈《攝養枕中方》「感」誤作「惑」。

（64）來子雖善於耳爾曹，當奈張者何

麥谷曰：耳，從俞本視為衍字。來子，《真誥》卷20曰：「有云來子，（引者按：逗號當刪去）雖善於爾者，即長史後母也。」（P220～221）

按：《真誥》卷20又云：「有云當奈張者何者，即長史父妾也。」其文亦當徵引，否則下句「當奈張者何」其義不明。

卷七《甄命授》第三

（1）體已（此一字後人儳益）標高運，味玄咀真

按：《洞真太微黃書天帝君石景金陽素經》引《太帝招魂眾文》（下文省稱作《招魂眾文》）「未蕩於胸心，君素行既彰，且玉體已標高運，味玄咀真」云云，是此文有脫文。

（2）呼引景曜，凝靜六神

按：《招魂眾文》「曜」作「燿」，餘同。《三洞珠囊》卷3引本書「呼引」作「吸引」。

（3）煥領八明，委順靈根

按：《三洞珠囊》卷3引同，《招魂眾文》「煥領」作「搜別」。

（4）假使衝風繁激，將不能伐我之正性也；絕飆勃藹，焉能迴己之清淳耶

按：勃藹，《雲笈七籤》卷89、92 二引並作「勃鬱」。

（5）爾乃空沖自吟，虛心待神

按：沖，《雲笈七籤》卷89引同；《雲笈》卷92引作「中」，《招魂眾文》同。

（6）當使憂累靡干於玄宅，哀念莫擾於絳津也

按：擾，《招魂眾文》、《三洞珠囊》卷3同，《雲笈七籤》卷89、92 二引並作「撓」。《說文》：「撓，擾也。」

（7）於是至樂自鎗零聞於兩耳，雲璈虛彈乎空軒也

按：鎗零，《招魂眾文》作「鏗鈱」。「鎗零」是「鏗零」、「鏗玲」轉語，另詳卷3校補。《招魂眾文》「虛」誤作「虎」。

（8）口挹香風，眼接三雲，俯仰四運，日得成真，視眄所涯，皆已合神矣

按：四庫本、學津討原本「眄」作「盼」。《三洞珠囊》卷3引「俯仰」四句，「視眄所涯」作「視眇所涯」，餘同。《招魂眾文》「俯仰」上有「帶佩金陽，制御群凶」八字，「日得」作「自得」，「視眄所涯」作「視眇所灌」。「日」當作「自」，「眄」、「盼」、「眇」均當作「晌」，「灌」當作「涯」。《御覽》卷660引《真誥》：「練形於太陰，易兒於三官，受學化神，濯景易氣，俯仰四運，得為真人。」考《真誥》卷4有「真人練形於太陰，易貌於三官」語，又卷13有「受學化形，濯景易氣」語，其「俯仰四運，得為真人」當即出此，合諸文為一也。

（9）復使悆痾填籍，憂哀塞抱，經營常累，憑惜外道，和適群聽，求心俗老

按：《招魂眾文》「憑惜外道」作「隱惜小道」，「俗」作「裕」。「憑」當作

「隱」，「裕」當作「俗」。隱惜，猶言痛惜。麥谷氏（P222）、趙益（P108）並失校。

（10）忽發哀音之兮汻（此作『奚胡』音，猶今小兒啼不止謂為『咳呱』也），長悼死沒以悲逝

　　按：《招魂眾文》「之兮汻」作「乎永夕」，「沒」作「歿」。趙益本「汻」誤作「冴」（P108）。據注作「奚胡」音，則「汻」必是「沍」字之誤。

（11）必精滅神離，三魂隕炁

　　按：《招魂眾文》「必」誤作「心」，「滅」誤作「慼」。

（12）乘我虛陣，造遘百祟

　　按：《招魂眾文》「乘」形誤作「棄」，又「陣」作古字「陳」。

（13）已聞高勝而故由豫，屢覩明科而〔未〕釋疑

　　麥谷曰：從俞本補「未」字。（P224）

　　按：四庫本、學津討原本亦脫「未」字。《招魂眾文》「已」誤作「名」，「由豫」作「猶豫」，有「未」字。

（14）遂羅汻上章，使臭染隱書，四極擊鼓，三官尋鉾

　　按：《招魂眾文》「汻」作「污」，「染」作「晨」，「鉾」作「矛」。「汻」同「污」，「鉾」是「矛」增旁俗字，宋浙本《抱朴子內篇・登涉》「一法以葦為矛以刺之即吉」，敦煌寫本 P.2682「矛」作「鉾」。道藏本《抱朴子外篇・詰鮑》「鉾恐不利」，慎校本、四庫本「鉾」作「矛」。《古文苑》卷17王褒《僮約》「椅盾曳鉾，還落三周」，《類聚》卷35、《初學記》卷19、《御覽》卷500、598引「鉾」作「矛」。「晨」當作「染」。羅，讀作泥，亦污也。尋，讀作撏，持取也，操持也。《方言》卷1：「撏，取也。衛、魯、揚、徐、荊、衡之郊曰撏。」音轉亦作撢，《說文》：「撢，探也。」《玄應音義》卷14引《蒼頡篇》：「撢，持也。」《參同契・日月懸象章》：「天地媾其精，日月相撢持。」「撢持」複語。

（15）神虎奮爪，毒龍效牙

　　按：《招魂眾文》「效」作「放」。此文當據校正，麥谷氏（P222）、趙益

（P108）並失校。《抱朴子外篇‧博喻》：「萬纇傾角，猛虎為之含牙；千禽鱗萃，鷙鳥為之握爪。」彼文「握爪」對舉「含牙」，此文與之反義，以「奮爪」對舉「放牙」。

（16）八方誠曠，遏（謂應作『曷』字）處而逃，身謝之後，方悟清僚之可羨、言者之不虛矣

按：《招魂眾文》「曠」作「廣」，「遏」作「曷」，「謝」上有「告」字，「僚」作「遼」。「僚」是「遼」音誤。

（17）故望洪濤之曁天，則知其不起乎污池之中矣。睹玄翰之汪濊，則知其不出乎章句之徒也

按：陶弘景注指出「辭出《抱朴子外篇‧博喻》中」。道藏本《抱朴子》「曁」作「滔」，「污池」作「潢汙」，「睹玄翰」作「觀翰章」〔註33〕。

（18）夫垂蔭萬畝者，必出峻極之嶺；滔天振岑者，必發板桐之源（自「蔭」以下至「板桐之源」，亦是《博喻》中語，唯改「襄陵」作「振岑」。）

按：《雲笈七籤》卷98同，《墉城集仙錄》卷5「板桐」作「淵浩」。

（19）聰者貴於理道（遺）音於千載之外，而得興亡之迹矣。逸驎逍遙於太荒之衣（表），故無羈絡之憂，靈羽振翅於玄圃之峰，以遺羅組之患（此復是《博喻》兩篇合為今語，而改「機穽」作「羈落」，「靈鵠」作「靈羽」，「罩羅」作「羅組」耳。）

麥谷曰：以意改「道」字為「遺」字。衣，俞本作「表」，今從俞本。（P224）

趙益曰：遺，《抱朴子外篇‧博喻》、《雲笈七籤》卷98引均作「違」。（P110）

按：《墉城集仙錄》卷5、《雲笈七籤》卷98引「逸驎」以下語，「太荒之衣」作「大荒之表」，「以遺」作「以違」，餘與此文同。《抱朴子外篇‧博喻》「道」作「遺」，「驎」作「麟」，「太荒之衣」作「大荒之表」，「羈絡之憂」作「機穽之禍」，「靈羽」作「靈鵠」，「以遺」作「以違」，「羅組」作「罩羅」。「遺」是「違」音誤。

〔註33〕平津館叢書本、萬有文庫本、四部叢刊本「章」誤作「草」。

（20）尋飛絕影之足，而不能騁逸於呂梁。淩波泳淵之屬，而不得
陟峻攀危

趙益曰：陟峻攀危，《抱朴子外篇‧博喻》作「陟峻而攀危」，《雲笈七籤》
卷 98 引作「陟峻於太行」。（P111）

按：《抱朴子外篇‧博喻》「淩波泳淵之屬」同。《墉城集仙錄》卷 5「泳
淵之屬」作「泳泉之舟」，「攀危」作「於太行」；《雲笈七籤》卷 98「泳泉」
作「浪泉」，餘同。「泉」是「淵」避諱字。

（21）繁林翳蒼，則羽族雲萃，玄淵浩汗，則鱗群競赴。若其宅心者
眾，將何事於近

按：此文亦本於《抱朴子外篇‧博喻》。翳，《抱朴子》、《墉城集仙錄》卷
5、《雲笈七籤》卷 98 作「翳」。浩汗，《抱朴子》同，《集仙錄》、《雲笈》作
「浩瀚」。《雲笈》「萃」誤作「華」。

（22）有道者皆當深研靈奧，棲心事外。但思味勤篤，糟粕餘物亦足
自了耳

按：亦足自了耳，《上清侍帝晨桐柏真人真圖讚》誤作「亦是享耳」。

（23）遠風塵之綱纏

按：道藏本「綱」作「網」，麥谷本誤也（P226）。

（24）尚貞之覺漸也

按：道藏本「貞」作「真」，麥谷本誤（P227）。

（25）夫學道者，當得專道註真，情無散念

趙益曰：注，《雲笈七籤》卷 98 引作「任」。（P112）

按：道藏本「註」作「注」，麥谷本與底本不符（P227）。《無上祕要》卷
42、《墉城集仙錄》卷 5 引作「注」，《太清金液神氣經》（下文省稱作《神氣
經》）卷下同，餘同。《雲笈七籤》卷 106 作「夫學道當專註，精無散念」。「任」
是「注」形譌，「精」是「情」形譌。《真誥》卷 8 云「情不餘念」。

（26）撥奢侈，保沖白

按：《無上祕要》卷 42、《墉城集仙錄》卷 5、《雲笈七籤》卷 98 引同，

《雲笈》卷106作「撥奢侈，保沖泊」，《神氣經》卷下作「輟奢侈，保沖泊」。「白」是「泊」脫誤，麥谷氏（P227）、趙益（P112）並失校。撥，棄除也。輟，當讀作剟，削去也。

（27）熙然如潛有所得

按：熙，《神氣經》卷下、《墉城集仙錄》卷5、《雲笈七籤》卷98、106同，《無上祕要》卷42引誤作「希」。

（28）寂玄沉味，保和天真

按：寂玄沉味，《無上祕要》卷42、《墉城集仙錄》卷5同，《神氣經》卷下作「寂玄沈味」，《雲笈七籤》卷106作「幽寂沈味」，《雲笈》卷98誤作「探玄耽味」。

（29）註神栖靈，耽研六府

按：道藏本「註」作「注」，「耽」作「耽」，麥谷本與底本不符（P227）。

（30）惜精閉牝，無視無聽

按：惜精閉牝，《無上祕要》卷42同，《神氣經》卷下作「惜精下氣」，《墉城集仙錄》卷5、《雲笈七籤》卷98作「惜氣杜情」。

（31）許侯研之哉，斧子瑩之哉

按：《神氣經》卷下、《雲笈七籤》卷106同。瑩亦研磨也，後出本字作「鎣」。

（32）右四條詭

按：趙益校「詭」作「跪」（P115），是也。《神氣經》卷下作「跪」，下文諸「詭」字同。

（33）玉斧清淨藻潔，久齋濯魄，心近於仙

按：道藏本「清」下有「淨」字，麥谷本脫也（P231）。《神氣經》卷下「淨」作「了」。

（34）夫詭誓者，悉皆受命密交，慎不可令人知

按：《神氣經》卷下「詭」作「跪」，「悉皆受命密交」作「皆命密文」。

「交」當作「文」，麥谷氏（P231）、趙益（P115）並失校。

（35）夫心動於事慾，兼味於清正，華目以隨世，而畏死以希仙者

按：《真誥》卷 13 注文亦有此語，「心動」作「心勤」。《太平廣記》卷 58 引《魏夫人傳》作「世人勤心於嗜慾」。此文當據校「動」作「勤」，麥谷氏（P231）、趙益（P116）並失校。唐吳筠《宗玄先生玄綱論》引「華目」誤作「華自」。

（36）隹事不可忘也，惡事不可忘也

按：道藏本「隹」作「佳」，麥谷本誤也（P232）。

（37）縱令以小代大，如（於）父何如？大小俱來，於母何如

麥谷曰：以意改「如」字為「於」字。（P236）

按：趙益從麥谷氏說（P118），其說非是。如猶於也〔註34〕，一聲之轉，對舉同義。

（38）演小耳

按：道藏本「小」下有「子」字，麥谷本脫也（P237）。

（39）玉斧頑闇，不能該悟

按：該，讀作閡，字亦作開，明也。「開悟」是漢魏人成語，例多不勝舉。

（40）唯晢（謂應作「折」字）骨思愆，無補往過

按：晢，讀作契，刻也。

（41）違內負心，三魂失真。真既錯散，魄乘其間

按：《無上祕要》卷 42 引「魄乘其間」誤作「蒐乘其開」。

（42）夫為道者，當使內外鏡徹，宮商相應，靈感於中，神降於外

按：《無上祕要》卷 42 引「內外」誤作「內心」。《上清握中訣》卷下：「使內外洞徹如火。」徹，讀為澈，清也。

〔註34〕參見王引之《經傳釋詞》，嶽麓書社 1984 年版，第 149 頁。裴學海《古書虛字集釋》，中華書局 2004 年版，第 548 頁。

（43）落廓不束，高下失常

按：落廓，倒言作「廓落」、「郭落」，轉語作「濩落」、「瓠落」、「豁落」〔註35〕。

（44）體寂至達，心研內觀

按：《太清金液神氣經》（下文省稱作《神氣經》）卷下「達」誤作「遠」。

（45）屏彼萬累，蕩濯他念

按：《神氣經》卷下「濯」作「除」。

（46）若憂累多端，人事未省，雖復憩靈空洞，存心淡泊，纏綿亦弗
　　　能達也

按：《神氣經》卷下無「心」、「泊」二字，「達」作「逮」。此文「纏綿」屬上句，讀作「雖復憩靈空洞，存心淡泊纏綿」。

（47）如其不爾，則疹與年階，可與心共議耶

按：《神氣經》卷下「疹」作「疾」，「階」作「偕」。疹亦疾也，病也。階，讀為偕。

（48）夢惡者，明旦當啟太上，一以正魂魄，二以所（折）除不祥

麥谷曰：所，俞本作「折」，今從俞本。（P244）

按：四庫本、學津討原本亦作「折」，《上清握中訣》卷中同。折，斷也。《度人經》卷6：「萬道克先，斷除不祥。」

卷八《甄命授》第四

（1）除治爾床席左右令潔靜、理護衣被者，使有常人，常燒香使冷
　　　然不雜也

按：道藏本「冷」作「泠」，麥谷本誤也（P247）。又「使有常人常燒香」當作一句讀，趙益亦失其讀（P127）。泠然，清澄貌。

〔註35〕參見蕭旭《英藏敦煌文獻校讀記（上）》，《國學學刊》2018年第3期，第41～42頁；收入《敦煌文獻校讀記》，花木蘭文化出版社2019年版，第115頁。

（2）斧，學道如穿井。井愈深而去，土愈難運出

按：當讀作「井愈深，而去土愈難運出」，趙益本不誤（P128）。

（3）自當披其心，正其行，乃得見泉源耳

按：《太清金液神氣經》（下文省稱作《神氣經》）卷下同，《雲笈七籤》卷106引《許邁真人傳》作「若不堅其心，正其行，豈得見泉源耶」。既改「披」作「堅」，又易作問句。披，讀作罷，休也，止也。

（4）彼君念想殊多，渠（謂應作『詎』字）能成遠志不

按：渠，《神氣經》）卷下同。渠，讀作詎，不煩改字。

（5）山嶽氣擾，則強禽號於林，川瀆結滯，則龍虯慘於澤

按：《墉城集仙錄》卷5同。《雲笈七籤》卷98「強禽」作「禽獸」，「龍虯」作「龍蛇」。

（6）苟趣舍理乖，則吹萬之用不同也

麥谷曰：《莊子·齊物論》曰：「夫吹萬不同，而使其自己也，咸其自取。」（P249）

按：吹，《墉城集仙錄》卷5同，《雲笈七籤》卷98誤作「次」。

（7）今注煙速消

按：今，趙益本誤作「令」（P129）．

（8）應南趨而北騁，既心口違矣

按：趨，《墉城集仙錄》卷5同，《雲笈七籤》卷98誤作「起」。下句，二書俱作「心念而口違」，此文「心」下疑脫「念」字。

（9）浚井不渫，蓋肉人之小疵耳

按：《抱朴子外篇·博喻》：「浚井不渫，則混濘滋積。」語出《易·井》「井泥不食」，王弼注：「井泥而不可食，則是久井不見渫治者也。」

（10）或是初過江時擺併所致

按：擺，蓋讀為扮，一聲之轉，亦合併之義。

（11）太玄植簡，太素刊名

按：刊，《墉城集仙錄》卷 5 作「刻」。

（12）金庭內曜，玉華外瑩

麥谷曰：金庭，《真誥》卷 3 曰：「寫我金庭館，解駕三秀畿。」（P257）

按：麥谷所引非是，只知字相相同，而不辨其字義有異。《墉城集仙錄》卷 5「庭」作「挺」，「瑩」作「榮」。庭，讀作挺，此作名詞用，指挺出的光彩。榮，讀作瑩，玉色光明也，此作動詞用，猶言放光。《洞真太上紫度炎光神玄變經》：「金容內發，玉華外映。」《上清太極真人神仙經》：「神光內曜，朱華外陳。」

（13）蕭浪上韻，眈夢遯真

按：道藏本「眈」作「耽」，麥谷本（P254）、趙益本（P132）均與底本不符。《上清太上黃素四十四方經》：「蕭浪上契，耽味玄遠。」「蕭浪」是「蕭朗」轉語，謂蕭灑爽朗。《洞真高上玉清隱書經》：「合變冥樞，蕭朗上契。」《上清後聖道君列紀》：「蕭朗靈致，幽旨宏謐。」《雲笈七籤》卷 101 引《洞玄本行經》：「合慶（變）冥樞，蕭朗自然。」「蕭朗」與「蕭爽」同義。

（14）上可以策軒空洞，下可以反華變黑矣

麥谷曰：反華，《雲笈七籤》卷 8 曰：「是以帝一上景，攝煙連眾，長契虛運，反華自然矣。」（P257）

按：麥谷所引非是，其所引文「華」指光華。此文「華」指頭髮花白。《雲笈七籤》卷 78「反白變黑」，即此文之誼。

（15）是以群邪纏玄，急行其禍

按：玄，《太上感應篇》卷 14 作「互」。此文當據校正，麥谷氏（P255）、趙益（P134）並失校。

（16）如此，必愈而齠（此「齠」字也）矣

按：《神氣經》卷下作「齠」，「齠」上復有「即」字。

（17）靈草廳玄方，仰感旋曜精。洗洗（似草竹（作）言邊，應「詵詵」字。即《毛詩》「螽斯羽詵詵兮，宜爾子孫」之義也）繁茂萌，重德必克昌

按：《諸真歌頌》、《墉城集仙錄》卷3、《雲笈七籤》卷97「洗洗」作「詵詵」。《諸真歌頌》、、《雲笈七籤》「靈草」誤作「雲草」。

（18）致奪年減筭，萬事不成，以此求生，去生遠矣，虛自苦耳

按：「減」是「減」形誤，麥谷氏失校（P263）。趙益本徑作「減」（P139），與底本不符。《元始五老赤書玉篇真文天書經》卷下「減筭縮年」，《洞真太上素靈洞元大有妙經》「減筭奪紀」，《洞真太上紫度炎光神玄變經》「減筭損年」，《雲笈七籤》卷36引彭祖《攝生論》「減折筭壽」，並即此「奪年減筭」之誼。道藏有《洞玄靈寶真人修行延年益算法》，「奪年減筭」是「延年益算」反筆。

卷九 《協昌期》第一

（1）若既解書意，識星轉之隨時，自宜隨斗所指，按而存步

按：既，《太上飛步五星經》（下文省稱作《五星經》）作「脫」。《太上五星七元空常訣》（下文省稱作《常訣》）凡二見，一作「既」，一作「脫」。「脫」是「既」形誤。《真誥》卷16「脫死之時，尸不強直，足指不青，手足（皮）不皺者」，《道典論》卷2、《無上祕要》卷87「脫」作「既」。

（2）當先呼五星、星夫人名字

按：《五星經》同。《常訣》凡二見，「五星星夫人」均作「五星皇夫人」。《常訣》又云：「覺體薰熱，便思五星皇夫人，及二十五點空常帝君晨君。」《上清五常變通萬化鬱冥經》同。《上清洞真天寶大洞三景寶籙》卷上：「覺體兼熱，次思五星皇夫人及二十五點空常晨君。」《五星經》又云「閉氣上罡，當先呼五星名字，及夫人名字」，《常訣》凡二見，亦同。「星」當是「皇」形誤，麥谷氏（P268）、趙益（P141）並失校。五星指五星真君，其夫人稱作五星夫人或皇夫人或皇妃。《元始五老赤書玉篇真文天書經》有「五星真君、五星皇妃」，《太上大道三元品戒謝罪上法》有「五星君、五星皇妃」。

（3）謂始上綱，便頓住呼名字

按：住，《常訣》凡二見，均同；《五星經》誤作「往」。

（4）昔鬱沙公、北里子、長陵老人，皆案此法而得升天

按：《五星經》、《常訣》（凡二見）「北里子」下有「生」字。此文當據補，麥谷氏（P268）、趙益（P141）並失校。

（5）但惜初學者皆言專心盡懃至，而後漸縱

按：《五星經》、《常訣》（凡二見）無「心」字，「漸」作「輒」，「縱」上有「輒」字。此文當據校正，麥谷氏（P268）、趙益（P141）並失校。

（6）有亦似車之將故而百節緩落

按：《五星經》同。《常訣》凡二見，「故」均作「敗」。「故」當作「敗」，麥谷氏（P268）、趙益（P141）並失校。緩落，《五星經》同；《常訣》凡二見，一同於此，一作「解落」。《易·序卦》：「解者，緩也。」

（7）夫學者之所患，而為得者之所笑

按：《五星經》同。《常訣》凡二見，「夫」均作「末」。此文當據校正，麥谷氏（P268）、趙益（P141）並失校。

（8）三八景二十四神，以次念之，亦可一時頓存三八，亦可平日一存上景、日中存中景、夜半存下景，在人意為之也

按：頓，讀為屯，聚也。虛化作副詞，猶言全也。

（9）《大洞真經·精景案摩篇》曰：「又屈動身體，申手四極，反張側掣，宣搖百關。」

按：宣搖，各書引同，《上清三真旨要玉訣》引作「動搖」。《爾雅》：「宣，徧也。」

（10）《大洞真經·精景案摩篇》曰：「順髮摩項，若理櫛之，無數也。」

按：項，《登真隱訣》卷中、道藏本《上清三真旨要玉訣》（下文省稱作《玉訣》）、《三洞珠囊》卷10、《枕中記》同，《上玄高真延壽赤書》（下文省

稱作《赤書》)、《雲笈七籤》卷 33 作「頂」，P.2576V《上清三真旨要玉訣》
〔註36〕（下文省稱作 P.2576V《玉訣》)、《洞真西王母寶神起居經》（下文省稱
作《起居經》)、《上清握中訣》（下文省稱作《握中訣》）卷中作「頭」，《上清
太極真人撰所施行秘要經》（下文省稱作《秘要經》)、《道樞》卷 6 作「頸」。
「項」是「頂」形誤，麥谷氏（P270）、趙益（P143）並失校。「頸」是「頭」
形誤。「數」讀平聲，計數也。P.2576V《玉訣》「數」誤作「在」。

(11)《大洞真經·精景案摩篇》曰：「久行之，使人目明，而邪氣不
　　　干，形體不垢膩（此應作「膩」字）生穢也。」

　　按：膩，《登真隱訣》卷中、《起居經》同，P.2576V《玉訣》〔註37〕、《玉
訣》、《秘要經》、《三洞珠囊》卷 10 作「膩」。《登真隱訣》有注：「膩字，女忌
反。」「膩」是「膩」改易聲符的異體字〔註38〕。《廣韻》：「膩，肥膩。膩，
上同，出道書。」《集韻》：「膩、膩：《說文》：『上肥也。』或從疑。」生穢，
《登真隱訣》、《三洞珠囊》同，P.2576V《玉訣》、《玉訣》、《起居經》、《秘要
經》誤作「去穢」。

(12)《消魔經》上篇曰：「耳欲得數按抑其左右，亦令無數，令人聰
　　　徹。」

　　按：聰，《登真隱訣》卷中、《秘要經》、《靈劍子引導子午記》（下文省
稱作《子午記》）引同，《赤書》、《三洞珠囊》卷 10 誤作「聽」。徹、達一聲
之轉〔註39〕，「聰達」是漢魏六朝成語，不煩舉證。

(13)《太上籙淳發華經》上案摩法：「……風氣惡疫，伏匿四方……
　　　長生飛仙，身常體強。」

　　趙益曰：體，原刻作「体」，據《雲笈七籤》卷 57 及俞校改。（P144）
　　饒宗頤曰：P.2576 所引《三真玉訣》，《道藏·寶神起居經》引此文出《太

〔註36〕《法藏敦煌西域文獻》第 16 冊，上海古籍出版社 2001 年版，第 77 頁。
〔註37〕《法藏敦煌西域文獻》第 16 冊，上海古籍出版社 2001 年版，第 78 頁。下同。
〔註38〕《詩·碩人》「膚如凝脂」，《碩人鏡》「凝」作「膩」，此「膩」是「凝」異體字，與道書「膩」是同形異字。
〔註39〕參見蕭旭《馬王堆帛書〈老子〉校補》「善行者無轍跡」條。

上銘淳散華經》與他書作「錄淳」者異，疑「銘」字誤〔註40〕。

　　按：①《太上籙淳發華經》，《起居經》引作「《太上銘淳散華經》」，P.2576V《玉訣》〔註41〕、《玉訣》引作「《太上錄淳散華經》」，《秘要經》引作「《太上錄停發華經》」，《赤書》引作「《太上發華經》」，《三洞珠囊》卷10引作「《太上錄淳發華經》」。「銘」當作「錄」，而「淳（停）」、「淳」形近，不知孰是。②道藏本作「体強」，四庫本、學津討原本、重刊道藏輯要本、麥谷本（P274）、趙益本（P144）改作「體強」，大誤。《道樞》卷6引《真誥》「疫」、「体」二字同此。《洞玄靈寶真人修行延年益算法》（下文省稱作《延年益算法》）引《真誥》「疫」亦作「疾」，「体」字則同此。P.2732《登真隱訣》、P.2576V《玉訣》、《玉訣》、《起居經》、《秘要經》、《握中訣》卷中、《赤書》、《三洞珠囊》、《修真精義雜論》、《雲笈七籤》卷57「疫」作「疾」，「体」作「休」。「疫」當作「疾」，「体」當作「休」。「休強」是中古成語。休，美盛也，彊壯也。《詩·載見》鄭玄箋：「休者，休然盛壯。」《搜神記》卷16：「姨母曰：『我外甥三月末間産。』父曰：『春煖溫也，願休強也。』即字溫休。」《人物志·材理》「溫柔之人，力不休彊」，劉昞注：「用意溫潤，志不美悅。」梁·慧皎《高僧傳》卷11：「年垂百歲，而氣力休強。」隋·闍那崛多等譯《大法炬陀羅尼經》卷4：「體肉充實，筋骨休強。」唐·慧詳《弘贊法華傳》卷6：「自爾已後，體力休強。」唐·智昇《開元釋教錄》卷7：「而神志休強，說導無倦。」

（14）《石景赤字經》曰：「常能以手掩口鼻，臨目微炁，久許時手中生液，追以摩面目，常行之，使人體香。」

　　按：追，P.2576V《玉訣》〔註42〕、《起居經》、《握中訣》卷中同，《登真隱訣》卷中作「通」，《秘要經》作「用」，《赤書》作「進」，《三洞珠囊》卷10、《三洞樞機雜說》作「遂」，《巢氏諸病源候總論》卷31引《養生方》作「速」。追，隨也，虛化作時間副詞，表示隨即，各書臆改，遂致紛紜。微炁，各書同，獨《玉訣》作「徹視」。面目，各書同，獨《赤書》作「兩目」。

〔註40〕饒宗頤《論敦煌殘本〈登真隱訣〉（P.2732）》，收入《饒宗頤道學文集》，天地圖書有限公司2016年版，第131頁。

〔註41〕《法藏敦煌西域文獻》第16冊，上海古籍出版社2001年版，第79頁。下同。

〔註42〕《法藏敦煌西域文獻》第16冊，上海古籍出版社2001年版，第77頁。

（15）《太上天關三經》曰：「炁通輒止，吐而復始。」

按：P.2576V《玉訣》〔註43〕、《玉訣》、《登真隱訣》卷中、《握中訣》卷中同。《起居經》「復」誤作「後」，《秘要經》、《子午記》「吐」誤作「終」，《赤書》「始」誤作「如」。

（16）夫注心道真，玄想靈人，冥冥者亦具監其意也

按：監，《上清太極真人神仙經》（下文省稱作《神仙經》）同，《無上祕要》卷42引《道迹經》（下文省稱作《道迹經》）作「鑒」。鑒、監，正、借字。

（17）若外難未披，假詠兼存，實復未能迴西榆之年，還發玄童矣

按：發，《神仙經》、《道迹經》作「髮」。此文當據校正，麥谷氏（P277）、趙益（P146）並失校。

（18）苟耽玄篤也，志之懃也，縱令牙彫面皺、頂生素華者，我道能變之為嬰，在須臾之間耳

按：道藏本「耽」作「躭」，麥谷本與底本不符（P277）。《神仙經》、《道迹經》「篤」下無「也」字，此當為衍文，「躭玄篤志」連文。麥谷氏（P277）、趙益（P146）並失校。《道迹經》「懃」下「也」字誤作「紲」。《神仙經》「頂」誤作「項」。

（19）今鈔徑相示，可施用也（此謂《寶神經》中要徑之事，故云鈔徑。）

按：今鈔徑，《神仙經》、《起居經》、《雲笈七籤》卷45、《永樂大典》卷19636作「今抄經」，《上清修身要事經》（下文省稱作《要事經》）、《上清修行經訣》（下文省稱作《修行經訣》）作「大鈔」。經，讀作徑。

（20）常以手按兩眉後小穴中三九過，又以手心及指摩兩目權上，以手旋耳行三十過

按：《握中訣》卷中、《要事經》、《修行經訣》、《延年益算法》「兩目」下有「下」字，「權」作「顴」。此文當據補「下」字，下文有「目下權上」語，

P.2576V《玉訣》〔註44〕、《起居經》亦有「下」,「權」字同此;《正一法文修真旨要》(下文省稱作《修真旨要》)、《神仙經》、《三洞珠囊》卷10、《枕中記》、《雲笈七籤》卷45亦脫「下」,「權」作「顴」。《雲笈七籤》卷33脫「下」字,「權」誤作「纇」。P.2576V《玉訣》「穴」同〔註45〕,《起居經》、《延年益算法》形誤作「空」。P.2576V《玉訣》「旋」誤作「提」〔註46〕。「提」是「掟」形誤,俗「旋」字,P.2732《登真隱訣》正作「掟」。

（21）眉後小穴中為上元六合之府,主化生眼暉,和瑩精光,長珠徹童,保鍊目神

按:長珠徹童,《起居經》、《神仙經》、《赤書》同,P.2576V《玉訣》作「長珠撤(徹)童」〔註47〕,《修真旨要》、《子午記》作「長珠徹瞳」,《雲笈七籤》卷45、《永樂大典》卷19636引作「長映徹瞳」。「映」是「珠」形誤,指眼珠。P.2576V《玉訣》「穴」誤作「空」,又「鍊」作「練」。

（22）真人所以能旁觀四達,使八霞照朗者,寔常居之數明也

按:八霞,P.2576V《玉訣》〔註48〕、《起居經》、《神仙經》、《修真旨要》、《子午記》作「八遐」。遐、霞,正、借字。《子午記》「照朗」作「照燭」。《赤書》誤作「八避視掌中」。

（23）以手旋耳行者,採明映之術也

按:旋,P.2576V《玉訣》〔註49〕、《起居經》作「掟」,《神仙經》作「摤」。採,P.2576V《玉訣》、《起居經》、《神仙經》作「深」,《三洞珠囊》卷10作「探」。「採」、「探」是「深」形誤。「掟」是「掟」形誤,「掟」、「摤」均俗「旋」字。

（24）旋於是理開血散,皺兆不生,目華玄照,和精神盈矣

按:P.2576V《玉訣》〔註50〕、《起居經》、《神仙經》、《三洞珠囊》卷10

〔註44〕《法藏敦煌西域文獻》第16冊,上海古籍出版社2001年版,第76頁。
〔註45〕《法藏敦煌西域文獻》第16冊,上海古籍出版社2001年版,第76頁。
〔註46〕《法藏敦煌西域文獻》第16冊,上海古籍出版社2001年版,第76頁。
〔註47〕《法藏敦煌西域文獻》第16冊,上海古籍出版社2001年版,第77頁。
〔註48〕《法藏敦煌西域文獻》第16冊,上海古籍出版社2001年版,第77頁。
〔註49〕《法藏敦煌西域文獻》第16冊,上海古籍出版社2001年版,第76頁。
〔註50〕《法藏敦煌西域文獻》第16冊,上海古籍出版社2001年版,第77頁。

無「旋」字。P.2576V《玉訣》「開」誤作「門」，《起居經》誤作「關」。照，《起居經》作「映」。皺兆，《起居經》作「皺班」，《握中訣》卷下作「皺皼」，P.2576V《玉訣》作「皮兆」。和精神盈，P.2576V《玉訣》、《起居經》、《神仙經》同，《三洞珠囊》作「精和神盈」。「旋」涉「於」形誤而衍，「和精」當乙作「精和」。麥谷氏（P277）、趙益（P147）並失校。

（25）此謂手朝三元無，固腦堅髮之道也

按：腦，《起居經》作「𦞦」，俗字。

（26）是檢眼神之道

按：檢，P.2576V《玉訣》〔註51〕、《要事經》、《修行經訣》、《子午記》、《三洞珠囊》卷10、《赤書》同，《起居經》、《神仙經》作「驗」。

（27）天中玄臺，流炁調平

按：玄臺，《赤書》同，《紫庭內秘訣修行法》（下文省稱作《修行法》）、《握中訣》卷中、《延年益算法》、《三洞珠囊》卷10、《雲笈七籤》卷47作「之臺」。此文當據校「玄」作「之」，麥谷氏（P281）、趙益（P148）並失校。

（28）驕女雲儀，眼童英明

按：驕，《雲笈七籤》卷47同，《握中訣》卷中、《修行法》、《延年益算法》、《三洞珠囊》卷10、《赤書》作「嬌」。嬌、驕，正、借字。

（29）華聰晃朗，百度眇清

按：晃朗，《赤書》、《雲笈七籤》卷47同，《修行法》作「明徹」，《握中訣》卷中、《延年益算法》、《三洞珠囊》卷10作「炅朗」。「炅」是「晃」形誤。

（30）赤子攜景，輒與我並

按：輒，各書同，《雲笈七籤》卷47作「遙」。

（31）太上四明，九門發精

按：發精，各書同，《赤書》作「發輝」。

〔註51〕《法藏敦煌西域文獻》第16冊，上海古籍出版社2001年版，第77頁。下同。

（32）又咽液九過，摩拭面目今少熱以為常，每欲數也

按：道藏本「今」作「令」，麥谷本誤也（P281）。

（33）六合清鍊，百神受恩

按：清鍊，《登真隱訣》卷中（凡二見）、《玉訣》、《神仙經》、《修行法》、《延年益算法》、《三洞珠囊》卷 10、《雲笈七籤》卷 46 同，P.2576V《玉訣》（凡二見）〔註52〕、《起居經》（凡二見）、《秘要經》、《赤書》、《雲笈》卷 47 作「清練」，《元始大洞玉經》作「清縺」，《巢氏諸病源候總論》卷 27 作「清煉」，《握中訣》卷中、《三洞樞機雜說》、《高上神霄玉清真王紫書大法》卷 3 作「精鍊」。「清練」為正字。「縺」字形聲俱近。

（34）披華蓋之側，延和天真，入山澗之谷，填天山之源，則虛靈可見，萬鬼滅身。所謂仰和天真，俯按山源也（華蓋，一名華庭也。）

按：《真誥》卷 10：「鼻中隔之際，名曰山源。」《赤書》「披」作「被」，餘同；《赤書》有注：「山源，鼻孔中初入高者也。」《起居經》引《元（无）死玉經》作「手披華庭側，遷延和天真，上入神澗房，玉谷填天山，內源玄靈見，萬魔自滅身，長生永無死，玉籍反帝君，由兆和天真，按此幽山源」。P.2576V《玉訣》「元死」作「无死」，「遷延」下脫「和」字，「神澗」作「神間」，「天山」下脫「內」字，「滅身」誤作「拭身」，「由兆」作「山兆」，「按此」誤作「紫此」（道藏本《玉訣》缺）〔註53〕。此文「延」上當脫「遷」字，麥谷氏（P282）、趙益（P150）並失校。《起居經》「內源」當是「山源」之誤，P.2576V「山」下脫重文符號耳。

（35）清晨按天馬，來詣太真家

按：太真，《子午記》作「太清」。

（36）淫色則目闇，廣憂則耳閉

按：P.2576V《玉訣》作「奪視則目闇，廣憂則耳悶（閉）」〔註54〕，《玉

〔註52〕《法藏敦煌西域文獻》第 16 冊，上海古籍出版社 2001 年版，第 78 頁。
〔註53〕《法藏敦煌西域文獻》第 16 冊，上海古籍出版社 2001 年版，第 76 頁。
〔註54〕《法藏敦煌西域文獻》第 16 冊，上海古籍出版社 2001 年版，第 78 頁。

訣》、《起居經》作「雜視則目闇，廣憂則耳閉」，《赤書》作「視久則目闇，聽廣則耳閉」，《御覽》卷 660 引《太上四明玉經》作「淫色則目闇，廣愛則耳閉」，《御覽》卷 668 引《太一洞真經》作「雜視則目闇，廣聽則耳閈（閉）」。「奪」是「雜」形誤，「愛」是「憂」形誤。

（37）當洗心絕念，放棄流淫

按：流淫，《御覽》卷 660 引《太上四明玉經》作「淫貪」。

（38）使兩掌俱交會於項中三九過，存目中當有紫青絳三色氣齣目前

按：道藏本「齣」作「出」，麥谷本誤也（P286）。項，《登真隱訣》卷中、《起居經》、《握中訣》卷中同，《三洞珠囊》卷 10 誤作「頂」。

（39）英明注精，開通清神

按：英明，各書同，《雲笈七籤》卷 53 凡二見，一同，一作「映明」。清神，《玉訣》、《起居經》作「帝神」。《雲笈》凡二見，一作「精神」，一作「帝神」。

（40）太玄雲儀，靈驕翾翾

趙益曰：驕，俞校曰：「『驕』字恐非，疑作『蹻』。」是，據改。（P151）

按：驕，《赤書》同，《登真隱訣》卷中、《握中訣》卷中、《三洞珠囊》卷 10 作「嬌」。《玉訣》、《起居經》、《雲笈七籤》卷 53「靈驕翾翾」作「玉靈敷篇」。翾翾，飛貌。驕、嬌，並讀作矯，專字作翹，舉也，飛也，故以「翾翾」狀之。《方言》卷 12：「翾，飛也。」《廣雅》：「矯，飛也。」《文選·江賦》「海童之所巡遊，琴高之所靈矯」，李善注引《方言》作「矯，飛也」。俞說誤，不可從，趙氏不能辨也。

（41）保利雙闕，啟徹九門

趙益曰：保利雙闕，《三洞珠囊》卷 10 引作「保利雙關」，《雲笈七籤》卷 53 引作「保我雙關」。另，《無上祕要》卷 97 有「保我三關」云云。（P151）

按：《登真隱訣》卷中、《玉訣》、《握中訣》卷中、《起居經》、《赤書》均作「保利雙闕」，《御覽》卷 660 引《太上四明玉經》亦同。「關」是「闕」形誤。「雙闕」、「九門」對舉。此與「保我三關」無涉，趙氏妄引之耳。

（42）百節應響，朝液泥丸

按：朝液，《登真隱訣》卷中、《握中訣》卷中、《赤書》、《三洞珠囊》卷10同，《御覽》卷660引《太上四明玉經》亦同；《起居經》作「個液」，《玉訣》作「迴液」。《雲笈七籤》卷53凡二見，一作「朝液」，一作「迴液」。「朝液」謂朝其液於泥丸也。《真誥》卷10：「下灌玉液，上朝泥丸。」「迴液」謂回其液於泥丸也。

（43）手把八雲氣，英明守二童。太真握明鏡，鑒合日月鋒

按：《太清金液神氣經》（下文省稱作《神氣經》）卷下「童」作「瞳」，「合」作「照」。「照」省作「召」，又形誤作「合」。麥谷氏（P286）、趙益（P151）並失校。

（44）雲儀拂高闕，開括泥丸宮，萬響入百關，驕女坐玄房

按：驕，《神氣經》）卷下作「嬌」。嬌、驕，正、借字。

（45）且竹虛素而內白，桃即卻邪而折穢

按：折，《登真隱訣》卷中、《起居經》、《秘要經》、《無上祕要》卷66、《雲笈七籤》卷41同，《玉訣》誤作「斥」。折，讀作制，禁也。《雲笈》卷45「卻邪而折穢」作「折邪而辟穢」。

（46）厭消之方也，若夢覺，以左手躡人中二七過，琢齒二七遍

按：躡，《修行經訣》、《要事經》、《握中訣》卷中、《洞真高上玉帝大洞雌一玉檢五老寶經》（下文省稱作《五老寶經》）、《道典論》卷4、《修行法》、《延年益算法》、《雲笈七籤》卷45作「捻」，《修真旨要》作「掐」。《真誥》卷10「以左手第二、第三指躡兩鼻孔下人中之本」，《起居經》「躡」同，《登真隱訣》卷中、《秘要經》、《握中訣》卷中、《玉訣》、《要修科儀戒律鈔》卷14、《太上元始天尊說北帝伏魔神咒妙經》卷4、《雲笈》卷46作「捻」，《子午記》作「攝」。《真誥》卷10「並右手第二指躡右鼻孔下，左手第二指躡左目下，各七過」，二「躡」字，《修行經訣》均作「捻」，《要事經》均作「捏」，《洞真太上三元流珠經》均作「鑷」，《赤書》分別作「按」、「捻」。「掐」是

「掐」形誤，「掐」是「掐」轉語〔註55〕，「掐」又音轉作「捏（捏）」，均泥母字，一聲之轉。《慧琳音義》卷39引《集訓》：「掐，掐也。」又卷40引《考聲》：「捏，按也，掐也。」裴務齊《正字本刊謬補缺切韻》：「捏，捼。」捼謂手指按捏〔註56〕。「躡」、「鑷」亦泥母字，聶、緝旁轉疊韻，亦是「掐」轉語，又轉作「攝」。琢，《修行經訣》、《要事經》、《握中訣》、《五老寶經》、《道典論》、《修行法》、《延年益算法》作「啄」，《修真旨要》、《雲笈》作「叩」，義同。遍，《修行經訣》、《要事經》、《握中訣》、《五老寶經》、《修行法》、《修真旨要》、《雲笈》作「通」。

（47）大洞真玄，張鍊三魂

按：張鍊，《真誥》卷18、《修行經訣》、《要事經》、《握中訣》卷中、《修行法》、《延年益算法》、《赤書》同，《五老寶經》、《雲笈七籤》卷45作「長鍊」，《修真旨要》作「長鍊」，《上清大洞九宮朝修秘訣上道》（下文省稱作《秘訣上道》）「章鍊」，《道典論》卷4作「強鍊」。「強」是「張」形誤，「章」又其音誤。張，讀作長。

（48）是七魄遊尸來協萬邪之源

按：協，《修行經訣》、《要事經》、《修真旨要》、《五老寶經》、《修行法》、《道典論》卷4、《赤書》、《雲笈七籤》卷45同，《延年益算法》作「挾」，《握中訣》卷中作「俠」。協，讀為脅，聲轉作劫，挾、俠亦劫轉語。

（49）黃閣（闕）神師、紫戶將軍

麥谷曰：閣，俞本作「闕」，今從俞本。（P294）

按：上引各書均作「闕」。

（50）把鉞搖鈴，消滅惡津

按：搖，《道典論》卷4、《秘訣上道》同，《修行經訣》、《要事經》、《修

〔註55〕《方言》卷13：「埳，下也。」郭璞注：「謂陷下也。」《玉篇》：「埳，陷也。」此皆是聲訓。《史記·韓非傳》「忘其口而念我」，《韓子·說難》「念」作「啗」。《說文》：「啗，食也，讀與含同。」又「㰅，讀若貪。」銀雀山簡《孫臏兵法·勢備》「陷齒戴角」，《淮南子·兵略》、《修務》「陷」作「含」。「鵒」或作「鴿」。此均其音轉之證。

〔註56〕蔣斧印本《唐韻殘卷》：「捏，捼。」「捼」是「捼」形誤。

真旨要》、《五老寶經》、《延年益算法》、《修行法》、《上清道寶經》卷 5、《雲笈七籤》卷 45 作「握」。消滅惡津，《修真旨要》、《五老寶經》、《延年益算法》、《道典論》、《道寶經》同，《修行經訣》作「潰滅惡精」，《要事經》作「潰滅惡津」，《修行法》、《赤書》、《雲笈》卷 45 作「消滅惡精」，《秘訣上道》作「消磨惡精」。「潰」是「消」形誤。津，讀為精。

（51）略無復惡占不祥之想矣（長史作『惡』字皆酉下心，其義與西下心亦同，但謂西方金炁之心剛惡也。）

按：「惡」的常見俗字作西下心的「惡」字，《顏氏家訓·書證》所謂「『惡』上安『西』」是也。陶弘景謂長史「惡」作酉下心，此字形亦見敦煌寫卷，如 S.6825V 想爾注《老子道經》卷上「見**惡**人誠為說善」〔註 57〕，S.2583V《彌陀讚》「三**惡**道之聲永息」，均是其例。

（52）三元柔魄，天皇授經，所向諧合，飛仙上清

按：柔，《要事經》、《修真旨要》、《修行法》、《握中訣》卷中、《道典論》、《上清道寶經》卷 5、《赤書》、《雲笈七籤》卷 45 同，《修行經訣》、《五老寶經》、《延年益算法》作「守」。「守」當作「柔」，與下句「所向諧合」相應。

（53）此道以攝運生精，理和魂神

按：《廣雅》：「理，順也。」

（54）季偉昔長齋三年，始誠竭單思，乃能得之

按：單，讀為殫，《御覽》卷 667 引《東卿司命經》正作「殫」。「誠竭」與「單思」對文，當據《三洞群仙錄》卷 18 引《登真隱訣》乙作「謁誠」。

（55）吾常寶祕，藏之囊肘

按：肘，《神仙經》、《上清明堂元真經訣》、《御覽》卷 667 引《東卿司命經》同。肘，讀為橐，亦囊也。「肘」端母幽部，「橐」透母鐸部。端、透旁紐雙聲。幽部、鐸部亦可通轉，如地名「皋（幽部）狼」轉作「郭（鐸部）狼」〔註 58〕。

〔註 57〕此例字形參見黃征《敦煌俗字典》，上海教育出版社 2005 年版，第 101 頁。
〔註 58〕《史記·趙世家》「又取藺、郭狼」，「郭狼」即《漢書·地理志》「皋狼」。王應麟《通鑑地理通釋》卷 8：「《地理志》『西河郡有藺、皋狼』二縣……『郭狼』疑是『皋狼』。」顧祖禹《讀史方輿紀要》卷 42 說同。梁玉繩、金正煒

（56）使人開明聰察，百關鮮徹，面有玉光，體有金澤

按：鮮徹，《秘要經》、《玉訣》、《道樞》卷6同，《登真隱訣》卷中、《起居經》、《上清靈寶大法》卷6作「解徹」，《雲笈七籤》卷23、47作「解通」。百關不得言鮮徹，「鮮」是「解」形誤。解，讀作假，字亦作假、遐，音轉作格、徦，至也，達也。《說文》：「假，至也。」《淮南子·原道篇》「是故一之理，施四海；一之解，際天地」，高誘注：「解，達也。」《文子·道原》「解」作「徦」。《神仙傳》卷7「後託形尸假」，《御覽》卷664引《登真隱訣》、《雲笈七籤》卷85作「尸解」。「解徹」複語，猶言通達、通暢，《雲笈》卷33正作「百關通暢」。麥谷氏（P297）、趙益（P159）並失校。《起居經》、《秘要經》「聰」誤作「聽」。

（57）直存心中有象，太如錢，在心中赤色

按：太，四庫本、重刊道藏輯要本、學津討原本作「大」，《登真隱訣》卷中、《修真旨要》、《雲笈七籤》卷23、45同。此文當據校正，麥谷氏（P300）、趙益（P161）並失校。

（58）又存日有九芒，從心中上出喉，至齒間，而芒（此字傀，非真）徊還胃中

按：徊，《登真隱訣》卷中、《修真旨要》、《握中訣》卷中、《雲笈七籤》卷23、45作「迴」。回（迴）、徊，正、借字。

（59）今以告子，子脫可密示有心者耳

按：脫，《登真隱訣》卷中、《雲笈七籤》卷45同，《修真旨要》誤作「服」。脫，猶言或許也，副詞。

從王應麟說。錢坫曰：「古字皋、郭聲相轉。」瀧川資言曰：「《漢·地理志》『西河郡有藺、皋狼』，『郭狼』疑是『皋狼』。」瀧川氏全襲王說。錢坫、徐松《新斠注地理志集釋》卷13，收入《二十五史補編》第1冊，開明書店1937年版，第1147頁。梁玉繩《史記志疑》卷23，中華書局1981年版，第1063頁。金正煒《戰國策補釋》卷4，收入《戰國策校釋二種》，首都師範大學出版社1994年版，第268頁。瀧川資言《史記會注考證》，北嶽文藝出版社1999年版，第2674頁。周振鶴《漢書地理志匯釋》失引王、顧、錢三氏說，安徽教育出版社2006年版，第381頁。

（60）眇眇靈景元，森灑空清華

按：靈，《玉清隱書經》、《上清大洞真經》卷 2、《雲笈七籤》卷 42 同，《神氣經》卷下誤作「虛」。清，《高玄真經》、《大洞真經》卷 2 作「青」。陳景元《上清大洞真經玉訣音義》：「靈，一本作『雲』。按道君玉注云：『自非眇尋雲景而金房不登，自非重誦洞章而玉賓不見也。』今詳靈景、雲景二義未決，且從皇甫本作『靈』，以竢真師請問質疑。森灑，史崇所宜切。空清華，皇甫本作『青』。」「森灑」亦見《清高聖太上大道君洞真金元（玄）八景玉錄》：「衆藻扶疏，微言續呈；暉條森灑，極妙之精。」「森灑」與「扶疏」對文，當是「參差」轉語〔註 59〕，散亂不齊貌。此文謂空青之枝條參差也。字亦作「槮差」、「參縒」、「嵾嵳」、「篸差」、「篸篨」、「鬖髿」、「毵毶」、「參沙」，倒言則作「沙森」、「髿鬖」〔註 60〕。《雲笈》卷 8《釋三十九章經》：「玉清天中有樹似松，名曰空青之林……若既陟其塗，則可以窺森然晃朗之門，而手掇空青之華也。」釋作「森然晃朗」，所說非也。

卷十《協昌期》第二

（1）微誠因理感，積精洞幽真，斐斐乘雲綵，靈像憑紫煙

按：斐斐，《太清金液神氣經》（下文省稱作《神氣經》）卷下作「排徊」。「排徊」即「徘徊」。

（2）眇眇濯圓羅，佛佛駕飛輪

按：佛佛，《神氣經》卷下作「斐斐」。佛佛，塵土盛起貌。字亦作「坲坲」、「拂拂」，音轉又作「勃勃」、「浡浡」、「垏垏」、「坲垏」〔註 61〕。「斐斐」亦「坲坲」轉語，弗、非一聲之轉。

〔註 59〕《慧琳音義》卷 14：「森竦：上澀簪反，或作槮。」又卷 57：「蕭森：今作槮，同。」《周禮・考工記》鄭司農注：「掣讀為紛容掣參之掣。」「掣參」即「蕭森」。《後漢書・馬融傳》李賢注：「摻，音所金反，與森字同。」均「森」、「參」相通之證。

〔註 60〕參見姜亮夫《詩騷聯綿字考》，收入《姜亮夫全集》卷 17，雲南人民出版社 2002 年版，第 345 頁。蕭旭《敦煌變文校補（二）》，收入《群書校補（續）》，花木蘭文化出版社 2014 年版，第 1451～1452 頁。

〔註 61〕參見蕭旭《〈寒山詩注〉補正》，《澳門文獻信息學刊》2017 年第 2 期，第 55 頁。

（3）三氣之法，存青炁、白氣、赤氣各如縱。從東方日下來，直入口中

按：縱，《真誥》卷13同，《御覽》卷669引《真誥》、《雲笈七籤》61引《華陽諸洞記》、又卷111引《洞仙傳》亦同；《登真隱訣》卷中、《握中訣》卷中作「線」。「縱」是「線」改易聲符的異體字。《三洞珠囊》卷3引《真誥》音誤作「絃」。

（4）東海東華玉妃淳文期

麥谷曰：淳文期，《真誥》卷13《真靈位業圖》作「淳文期」。（P310）

按：淳，《三洞珠囊》卷3、5同；《真靈位業圖》、《御覽》卷670引《集仙錄》作「淳」。

（5）太霞發暉，靈霧四遷，結氣琬屈，五色洞天

按：琬屈，《真誥》卷13、《登真隱訣》卷中、《握中訣》卷中、《莊周氣訣解》、《雲笈七籤》卷48作「宛屈」，《道樞》卷8作「宛曲」。《握中訣》「太霞」誤作「太霧」。

（6）神煙含啟，金石華真

按：含，《登真隱訣》卷中同，《真誥》卷13、《握中訣》卷中、《莊周氣訣解》、《雲笈七籤》卷48、《道樞》卷8作「合」。煙，《真誥》卷13、《登真隱訣》、《握中訣》、《雲笈》同，《道樞》作「烟」，《莊周氣訣解》「煙」作「嚥」。「含」是「合」形誤，麥谷氏（P308）、趙益（P167）並失校。啟，讀為契〔註62〕，亦合也，會也。「煙（烟）」形誤作「咽」，又易作「嚥」。

（7）和攝我身，上昇九天

按：和攝，各書同，獨《登真隱訣》卷中作「保攝」，並通。攝，養也。《上清河圖內玄經》：「永生天地，保養我身。」

〔註62〕 參見蕭旭《〈敦煌社邑文書輯校〉校補》，收入《敦煌文獻校讀記》，花木蘭文化出版社2019年版，第283～284頁。

（8）既加之以檢慎，守之以取感者，則去真近矣，爾其營之，
　　　勿忘也

　　按：取感，《雲笈七籤》卷 45 同。「取感」不辭，疑「堅誠」形誤。《高
上玉皇本行集經》：「守之以堅，持之以誠。」忘，《雲笈》作「怠」。「忘」當
據校作「怠」，麥谷氏（P316）、趙益（P171）並失校。

（9）子往師蘇林守一，當先齋受戒

　　按：往，《神氣經》卷下作「經」。「往」形誤作「徑」，復易作「經」。

（10）性躁暴者，一身之賊病；〔心閒逸者〕，求道之堅梯也

　　麥谷曰：心閒逸者，從《雲笈七籤》卷 45 的引文補。（P318）

　　按：趙益亦從麥谷說補（P172），是也。《類說》卷 33 引「堅梯」作「堅
梗」，《御覽》卷 668 引《眾真戒》作「散梯」，均不知其有脫文，又因其文義
不通而妄改耳。

（11）遂之者真去，改之者道來

　　按：遂，《雲笈七籤》卷 45 同，《御覽》卷 670 引《真誥》、又卷 668 引
《眾真戒》並作「用」。

（12）可令許斧數沐浴，濯其水疾之氣也，消其積考之瘕也，亦致真
　　　之階

　　按：瘕，《上清眾真教戒德行經》（下文省稱作《德行經》）卷下同；《御
覽》卷 670 引作「瑕」，《登真隱訣》卷中同。《類說》卷 33 引「積考之瘕」
妄改作「積垢之癥」。《淮南子·氾論篇》「夏后氏之璜，不能無考」，高誘
注：「考，瑕釁也。」《文子·上義》「考」作「瑕」。又《說林篇》「白璧有
考，不得為寶」，高誘注：「考，釁污也。」阮元、段玉裁謂「考」借為朽
〔註63〕，朱駿聲謂借為朽、珛〔註64〕，均是也。「積瑕」、「積釁」都是道經
成語。

〔註63〕 阮元《揅經室集一集》卷 4《毛詩「王欲王女」解》，收入《續修四庫全書》
　　　　第 1478 冊，上海古籍出版社 2002 年版，第 570 頁。段玉裁《說文解字注》
　　　　「王」字條，上海古籍出版社 1981 年版，第 11 頁。
〔註64〕 朱駿聲《說文通訓定聲》，武漢市古籍書店 1983 年版，第 280 頁。

（13）沐浴不數，魄之性也。違魄返真，是練其濁穢自亡矣

按：《無上祕要》卷66引《真誥》作「違魄反，是練其濁穢，魄自亡矣」，《德行經》卷下同，《登真隱訣》卷中「反」作「返」，餘同；《雲笈七籤》卷45引作「違魄反，是練其濁穢，尸魄自去也」，《赤書》作「違魄反真，練其濁，魄自亡矣」，《雲笈》卷41作「性違魄返，是練其濁穢，魄自亡矣」，諸書各有脫誤，本書當作「違魄返真，是練其濁穢，〔魄〕自亡矣」，脫一「魄」字。麥谷氏失校（P318），趙益雖校《無上祕要》及《雲笈七籤》異文（P172），既不全面，也未作判斷。

（14）此甚易行，而更以為難，所為信道不篤，欲飛反沉者也

按：所為，《太上五星七元空常訣》作「所謂」，又「沉」作「沈」。「為」讀作謂。

（15）人臥床當令高，高則地氣不及，鬼吹不干

按：干，《真誥》卷15、《道跡靈仙記》、《雲笈七籤》卷45同，《赤書》作「侵」。干，侵犯。

（16）人臥室宇，當令潔盛，盛則受靈氣，不盛則受故氣（『盛』字是淨義，中國本無『淨』字，故作『盛』也，諸經中通如此。）

麥谷曰：故氣，《真誥》卷15注曰：「故炁皆謂鬼神塵濁不正之炁。」（P321）

按：三「盛」字，《真誥》卷15、《雲笈七籤》卷45同，《道跡靈仙記》作「淨」。《握中訣》卷中：「坐臥室宇，當令潔淨，則受靈氣，不淨則受故氣。」「則」上脫一「淨」字。《真誥》卷19：「按三君手書，作字有異今世者……『淨潔』皆作『盛潔』，『盛貯』皆作『請貯』。」下文「又八節之日，皆當齋盛，謀諸善事，以營於道之方也」，《洞真太上三元流珠經》「盛」作「淨」。雷漢卿等指出「盛」是「淨（瀞）」借字〔註65〕，是也。「盛」是「淨」准雙聲疊韻轉語，蓋吳音之變。「請貯」未見今本《真誥》，借「請」為「盛」，亦語音之轉耳。

〔註65〕雷漢卿、周作明《〈真誥〉詞語補釋》，《宗教學研究》2010年第3期，第7頁。

（17）一言一事，泄減一筭

按：《枕中記》：「夫學道者，每事欲密，泄一言一事，輒減一筭。〔一〕筭，三日也。」〔註66〕

（18）朱鳥凌天，神威內張

按：道藏本「凌天」作「淩天」。凌天，《登真隱訣》卷中、《握中訣》卷中、《玉訣》、《雲笈七籤》卷46作「凌天」，《起居經》、《要修科儀戒律鈔》卷14作「陵天」，《秘要經》作「淩天」，《太上元始天尊說北帝伏魔神咒妙經》（下文省稱作《神咒妙經》）卷2、4作「陵光」，《太上三洞神咒》卷3、11作「淩光」。「淩」是「凌」俗譌字，「光」是「天」形譌。

（19）山源四鎮，鬼井逃亡

按：井，《起居經》、《秘要經》、《玉訣》、《雲笈七籤》卷46同，《握中訣》卷中作「精」，《神咒妙經》卷4、《太上三洞神咒》卷3作「兵」，《三洞神咒》卷11作「祟」（又『逃』作「滅」）。

（20）神池吐氣，邪根伏藏

按：池，各書同，《太上三洞神咒》卷3作「蛇」。「池」誤作「虵」，又易作「蛇」。《三洞神咒》卷3、11作「根」誤作「精」，又卷11「氣」誤作「毒」。本篇下文云：「手薄神池，則邪根散分。」

（21）魂臺四明，瓊房零琅

按：瓊房零琅，《握中訣》卷中、《玉訣》同，《登真隱訣》卷中、《起居經》、《秘要經》、《要修科儀戒律鈔》卷14、《雲笈七籤》卷46作「瓊房玲琅」，《神咒妙經》）卷2、4作「瓊戶玲琅」，《太上三洞神咒》卷11作「瓊戶琳琅」。《三洞神咒》卷3作「瓊護萬靈」。「零琅」、「玲琅」並與「琳琅」同。「房」脫誤作「戶」，復音誤作「護」，又改「零琅」作「萬靈」。

（22）手暉紫霞，頭建神光

按：《玉訣》同，《起居經》、《握中訣》卷中作「手暉紫霞，頭建晨光」，《神咒妙經》）卷4、《太上三洞神咒》卷11作「手揮紫霞，頭建神光」，《三

〔註66〕「一」字據《雲笈七籤》卷33引孫思邈《攝養枕中方》補。

洞神咒》卷 3 作「手揮紫霞，頭戴神光」，《登真隱訣》卷中、《要修科儀戒律鈔》卷 14、《雲笈七籤》卷 46 作「手揮紫霞，頭建晨光」，《秘要經》作「手揮紫霞，頭戴晨光」。「揮」是「暉」借字，作動詞，言揚暉。「晨」是「神」音誤。「建」形誤作「逮」，復音誤作「戴」。《靈寶無量度人上品妙經》卷 11：「紫霞揚暉，絳華舒彩。」又卷 54：「身帶瓊璽，頭建神光。泛景紫霞，嘯詠洞章。」《真誥》卷 4：「彈璈北寒臺，七靈暉紫霞。」

（23）中有辟邪龍虎，截岳斬堲

按：堲，《登真隱訣》卷中、《要修科儀戒律鈔》卷 14 作「岡」，《起居經》作「堈」，《玉訣》作「峏」，《握中訣》卷中、《雲笈七籤》卷 46 作「崗」，《神咒妙經》卷 2、4、《三洞神咒》卷 3、11 作「罡」，《秘要經》作「剛」。「堲」、「岡」、「堈」、「崗（峏）」並同，指山崗，均「剛（罡）」分別字。

（24）猛獸奔牛，銜刀吞鑲

按：鑲，《登真隱訣》卷中、《起居經》、《秘要經》、《握中訣》卷中、《神咒妙經》卷 2、4 同，《玉訣》、《要修科儀戒律鈔》卷 14、《三洞神咒》卷 3、11 作「鎗」，《雲笈七籤》卷 46 作「槍」。又《戒律鈔》「銜」誤作「衝」。此「鑲」非「鉤鑲」之「鑲」，當是「鎗（槍）」改易聲符的異體字。

（25）揭山攫天

按：攫，《玉訣》、《要修科儀戒律鈔》卷 14 同，《登真隱訣》卷中、《秘要經》、《握中訣》卷中、《神咒妙經》卷 2、4、《三洞神咒》卷 3、11 作「钁」，《起居經》、《雲笈七籤》卷 46 作「玃」。下文「攫天大斧，斬鬼五形」，《握中訣》卷中、《神咒妙經》卷 4、9、《三洞神咒》卷 1、11、《雲笈》卷 45 亦作「钁」。「玃」是「攫」形誤。攫，讀作钁，以大鋤鋤之也。

（26）六領吐火，啖鬼之王

按：領，《登真隱訣》卷中、《起居經》、《秘要經》、《握中訣》卷中、《要修科儀戒律鈔》卷 14 同，《神咒妙經》卷 2、4、《三洞神咒》卷 3 作「頷」，《玉訣》、《三洞神咒》卷 11、《雲笈七籤》卷 46 作「頭」。「頷」是「領」形誤。領，頸項。「六領」即「六頭」也。《三洞神咒》卷 11「啖」作「啗」，字同。

（27）電猪雷父，掣星流橫

按：電猪雷父，《登真隱訣》卷中、《玉訣》、《起居經》、《握中訣》卷中、《神咒妙經》卷2、4、《要修科儀戒律鈔》卷14同，《雲笈七籤》卷46作「電豬雷父」，《秘要經》作「電精雷父」，《三洞神咒》卷3作「雷火電光」，《三洞神咒》卷11作「雷豬電犬」。《三洞神咒》卷3「橫」誤作「行」，又卷11「星」誤作「天」，《登真隱訣》「掣」誤作「製」。

（28）梟礚駮灼，逆風橫行

按：礚，《要修科儀戒律鈔》卷14同，《登真隱訣》卷中、《玉訣》、《起居經》、《握中訣》卷中、《秘要經》、《神咒妙經》卷2、4、《三洞神咒》卷3、11作「磕」，《雲笈七籤》卷46作「嗑」。駮灼，《登真隱訣》卷中、《秘要經》、《三洞神咒》卷3作「駁灼」，《三洞神咒》卷11作「駁爍」，《起居經》作「駿灼」。「礚」同「磕」，「嗑」是借字。「駿」是「駮」形誤。「駮灼」、「駁灼」與「駁爍」是轉語，疊韻連語，又轉作「暴樂」、「爆爍」、「駁落」、「駿犖」，稀疏貌。《三洞神咒》卷3「梟」誤作「馬」。

（29）群精啟道，封落山鄉

按：啟道，各書同，《三洞神咒》卷3誤作「答達」。

（30）澤尉捧燈，為我燒香

趙益曰：燈，《登真隱訣》卷中作「爐」。（P174）

按：《玉訣》、《秘要經》、《神咒妙經》卷2、4、《三洞神咒》卷11亦作「爐」。

（31）手薄神池，則邪根散分

按：薄，《玉訣》、《子午記》同，《秘要經》作「搏」，《起居經》作「搏」。薄，讀作搏。「搏」是「搏」形誤。

（32）夜行常當琢齒

按：琢，《登真隱訣》卷中、《三洞珠囊》卷10作「啄」，《神氣經》卷下作「叩」。

（33）第四宮名恬照罪炁天官

按：道藏本「官」作「宮」，麥谷本誤也（P323）。

（34）素梟三晨，嚴駕夔龍

按：晨，《玉訣》同，《登真隱訣》卷中、《握中訣》卷中、《神咒妙經》卷1、4、9、《三洞神咒》卷1、11、《雲笈七籤》卷12作「神」。「晨」是「神」音誤。

（35）天丁力士，威南禦凶。天騌激厲戾，威北銜鋒

按：激戾，《登真隱訣》卷中、《玉訣》、《神咒妙經》卷4、9、《雲笈七籤》卷45同，《握中訣》卷中、《太上北極伏魔神咒殺鬼籙》作「激厲」。戾、厲，讀作烈。

（36）鬼有三被此祝者，眼精目（盲）爛，而身即死矣

麥谷曰：目，俞本及《登真隱訣》作「盲」，今從之。（P324）

按：《要修科儀戒律鈔》卷14、《雲笈七籤》卷45亦作「盲」。

（37）風痺之重者，舉體不授，輕者半身成失手足也

趙益曰：成（或），《三洞珠囊》卷1引改。（P177）

按：授，《三洞珠囊》卷1、《三洞樞機雜說》同，《起居經》作「援」，《玉訣》作「遂」。「授」是「援」形誤，猶言舉也，引也。下文「手臂不授者」，《珠囊》誤同，《起居經》、《玉訣》亦作「援」，《雜說》又誤作「攫」。麥谷氏（P324／325）、趙益（P177）並失校〔註67〕。趙氏校「成」作「或」，是也，《起居經》、《雜說》亦作「或」。

（38）墓之東北為徵絕命，西北為九尼

按：徵，《起居經》同，《三洞珠囊》卷1作「微」，《玉訣》、《三洞樞機雜說》無此字。「徵」、「微」形近，不知孰是。尼，《起居經》、《玉訣》、作「厄」，字同；《珠囊》形誤作「危」。

〔註67〕雷漢卿、周作明《〈真誥〉詞語補釋》已據《起居經》校「授」作「援」，《宗教學研究》2010年第3期，第6頁。

（39）神符榮衛，天胎上明

按：神符榮衛，《修真精義雜論》、《雲笈七籤》卷 57 同，《起居經》作「神府榮衛」，《玉訣》、《握中訣》卷中、《三洞珠囊》卷 1 作「神府營衛」。胎，各書同，《握中訣》作「台」。府，讀為符。榮，讀為營。

（40）魍魎冢氣，陰氣相徊。陵我四肢，干我盛衰

按：《握中訣》卷中「陵」作「凌」，又與「徊」誤倒。

（41）昔唐覽者，居林慮山中，為鬼所擊，舉身不授，似如綿囊

按：下文云「諸疾有曲折者，用此法皆佳，不但風痺不授而已也」。授，《三洞珠囊》卷 1、《三洞樞機雜說》同，《神氣經》卷下作「收」。「授」是「援」形誤，復音誤作「收」。下文云「昔初學時正患兩腳不授積年」，《三洞珠囊》卷 1 同，亦誤同。

（42）昔鄧雲山停當得道，頓兩手不授

麥谷曰：《晉書·庾翼傳》：「輒簡卒搜乘停當上道。」（P329）

按：停、授，《三洞珠囊》卷 1 同，《神氣經》卷下「停」作「亭」，「授」作「收」。「授」是「援」形誤。停、亭，猶言正也。停當，猶言正當。麥谷氏引《晉書》，殊誤。

（43）此謂內研太玄，心行靈業，棲息三宮，偃逸神府者矣

按：《三洞群仙錄》卷 3 引《真誥》「此所謂內研太元，偃逸神府者也」，乃節引。《神氣經》卷下「內」作「納」，「偃逸神府」作「宴神六府」。《赤書》：「謂內研太玄，行虛業，棲自三宮，偃逸神府也。」均當據本書校正。

（44）四明上元，日月氣分

按：《握中訣》卷中、《三洞珠囊》卷 1 同，《太上五星七元空常訣》（下文省稱作《空常訣》）「分」作「明」。

（45）神光散景，蕩穢鍊煙

按：《握中訣》卷中、《三洞珠囊》卷 1「光」作「火」，「蕩」作「盪」。《空常訣》作「神水散形，蕩穢清練」。

（46）極陰積沍

按：道藏本「沍」作「沍」，麥谷本與底本不符（P330）。「沍」是「沍」俗字。

（47）我今塋有青龍秉氣，上玄辟非

按：趙益本「秉」誤作「乘」（P180）。

（48）至於神全得會，熙鏡玄開

按：《洞真太上太霄琅書》卷8（下文省稱作《琅書》）作「至於神全德全，德會熙鏡玄關」。「玄開」當據校作「玄關」，麥谷氏（P330）、趙益（P181）並失校。「得會熙鏡玄關」為句，《琅書》「德會」當作「得會」。

（49）夫欲建吉塚之法，去塊後正取九步九尺，名曰上玄辟非

按：塊，指墓塚，《琅書》卷8誤作「魂」。

（50）若云塚墓王相刑害諸不足者，一以填文厭之，無不厭伏，反凶為吉

按：《琅書》卷8「云」作「立」，「填」作「鎮」。「立」當作「云」。

（51）子所以不得升度者，以子身有大病，腦宮虧減，筋液不注，靈津未溢，雖復接景湌霞，故未為身益

按：《洞真太上三元流珠經》（下文省稱作《流珠經》）、《三洞珠囊》卷1同，《御覽》卷661引「腦宮」誤作「胐衆」，「筋液」誤作「津液」。

（52）又不得言語大呼喚，令人神氣勞損

按：《流珠經》「言語」上有「多」字，「神氣勞損」作「神勞氣損」。此文當據補「多」字，讀作「又不得多言語，大呼喚」。麥谷氏（P334）、趙益（P183）並失校。

（53）凡存神光行真仙之事者，又不得以衣服借人，亦不服非己之物

按：《流珠經》「光」誤作「先」，《赤書》無此字。

（54）亦為五神之炁忌洿沾故也

按：洿沾，《流珠經》作「汙沾」，《赤書》作「點汙」。洿，讀作汙。沾，讀作點。

（55）凡研味至道及讀誦神經者，十言二十言中輒當一二過舐脣咽液

按：道藏本「舐」作「舐」，麥谷本（P336）、趙益本（P184）均與底本不符。《上清修行經訣》（下文省稱作《修行經訣》）同，《流珠經》「舐」作「舐」，「咽」作「嚥」；《上清修身要事經》（下文省稱作《要事經》）、《三洞珠囊》卷10「舐」作「舐」，「咽」作「嚥」。

（56）輒兩三過叩齒，以會神靈，充和血氣

按：《流珠經》作「以招神會靈，充和血炁」，《修行經訣》作「招神會靈，安和血氣」，《要事經》作「以招神會靈，安和血氣」，《三洞珠囊》卷10作「以神會靈，元和血氣」。本書脫「招」字，當作「招會神靈」或「招神會靈」。《珠囊》亦有脫誤。

（57）所謂沖氣不勞，啓血不泄也

按：啓血，《三洞珠囊》卷10同，《流珠經》作「啓而」，《修行經訣》、《要事經》作「昏而」。「血」當作「而」，「昏」當作「啓」。麥谷氏（P336）、趙益（P184）並失校。

（58）不可與夫妻同席及言語面會。當清齋不寢，警備其日，遣諸可欲

按：當讀作「當清齋不寢警備，其日遣諸可欲」。《枕中記》作「不得與夫妻同席、言語、面會，必當清淨沐浴不寢警備也。其日可宜遣欲」，《雲笈七籤》卷33無「其日可宜遣欲」句，餘同。麥谷氏（P336）、趙益（P184）並失其讀。

（59）凡五卯之日，常當齋入室，東向心拜，存神念炁，期感神明

按：《御覽》卷667引「齋」下有「戒」字，「存」作「在」。《流珠經》、《三洞珠囊》卷5、《上清靈寶大法》卷9「齋」上有「清」字。當據補「清」

字，上文云「當清齋不寢」，下文云「當清齋入室，沐浴塵埃」，又《上清元始變化寶真上經九靈太妙龜山玄籙》卷上、《上清元始變化寶真上經》並有「清齋入室，東向心拜」語。麥谷氏（P336）、趙益（P184）並失校。

（60）右命玉華，左嘯金晨

按：晨，《太上元始天尊說北帝伏魔神咒妙經》（下文省稱作《神咒妙經》）卷9作「神」，《太上三洞神咒》卷11作「仙」。

（61）常保利津，飛行十天

按：津，《雲笈七籤》卷45、《神咒妙經》卷9、《上清靈寶大法》卷8、9、24作「貞」。「津」是「貞」轉語。

（62）使面上恒有日月之光，洞照一形，使日在左，月在右

按：洞，《修行經訣》、《要事經》、《流珠經》、《赤書》、《雲笈七籤》卷45、《上清靈寶大法》卷6同，《洞玄靈寶真人修行延年益算法》作「周」。「周」是「同」形誤，同「洞」。

（63）存畢，乃琢齒三通

按：琢，《修行經訣》、《要事經》、《流珠經》、《三洞珠囊》卷5、《赤書》作「啄」，《雲笈七籤》卷45作「叩」。

（64）使人精明神仙，長生不死

按：「神仙」當屬下句，麥谷氏（P337）、趙益（P185）並失其讀。

（65）炁攝虛邪，尸穢沉泯，和魂鍊魄，合體大神

按：《修行經訣》「體」作「形」，餘同此文。《上清靈寶大法》卷8「虛」作「靈」，餘同。《要事經》、《流珠經》、《三洞珠囊》卷5「沉」作「沈」，「體」作「形」。《赤書》「沉」作「沈」，「鍊」作「練」，「合體大神」作「舉形合真」。《太上除三尸九蟲保生經》作「氣攝濁邪，尸穢沉眠，和魂鍊魄，合形為仙」。「靈」是「虛」形譌，「撮」是「攝」形譌，「眠」是「泯」形譌。

（66）聰明徹視，長享利津

按：《要事經》同。《流珠經》、《三洞珠囊》卷5、《赤書》「享」作「亨」，

餘同此文。《修行經訣》、《上清靈寶大法》卷 8「享」作「亨」,「津」作「貞」。「津」是「貞」轉語。

（67）按此二處是七魄遊尸之門戶、鈸精賊邪之津梁矣

按：鈸,《三洞珠囊》卷 5、《赤書》同,《上清靈寶大法》卷 8 作「越」,《流珠經》作「殘」,《修行經訣》、《要事經》作「妖」。「鈸精」不詳,疑「妖精」誤書。

（68）夫叩齒以命神,咽炁以和真

趙益曰：命,《無上祕要》卷 66 引同,《元始無量度人上品妙經四注》卷 1 作「集」。（P186）

按：命,《修行經訣》、《要事經》、《流珠經》、《三洞珠囊》卷 10 亦同,《靈寶無量度人上品妙經符圖》卷上引「命」亦作「集」。趙益僅列異文。未作按斷。命,召集也。上文「輒兩三過叩齒,以〔招〕會神靈」,下文云「此名為呼神和真以求升仙者也」,「招」、「呼」是其誼。

（69）納和因六液以運入,制神須鳴鼓而行列矣

按：《流珠經》同,《修行經訣》、《無上祕要》卷 66「因」誤作「咽」,《要事經》、《三洞珠囊》卷 10 復誤作「嚥」。《修行經訣》「行列」上衍「整」字。此文「因」、「須」對文。周作明校讀作「納和氣,咽六液以運入,制神須鳴鼓而整行列矣」〔註 68〕,非是。

（70）黃仙君口訣：「服食藥物,不欲食蒜及石榴子、豬肝、犬頭肉,至忌,都絕為上。」

按：黃仙君口訣,《赤書》、《三洞珠囊》卷 3 引作「黃山君訣」。當據校「仙」作「山」,麥谷氏（P340）、趙益（P186）並失校。《真靈位業圖》云：「黃山君,漢時人。」《御覽》卷 867 引陶弘景《新錄》：「茗茶輕身換骨,古丹邱子、黃山君服之。」是陶書自作「黃山君」矣。《神仙傳》卷 1：「黃山君者,修彭祖之術,年數百歲,猶有少容。」〔註 69〕《太上靈寶洪福滅罪像名

〔註 68〕周作明《點校本〈真誥〉商補》,《湛江師範學院學報》2012 年第 5 期,第 74 頁。

〔註 69〕《御覽》卷 663 引作劉向《列仙傳》。

經》：「信禮黃山君真人。」

卷十一《稽神樞》第一

（1）三茅山隱巁相屬，皆句曲山一名耳（今以在南最高者為大茅山。中央有三峰，連岑鼎立，以近後最高者為中茅山。近北一岑孤峰，上有聚石者為小茅山。大茅、中茅間名長阿，東出通延陵、句曲阿，西出通句容、湖就（孰），以為連石積金山，馬嶺相帶，狀如棣形。）

按：巁，《無上祕要》卷4作「峯」。下文云「大茅山、中茅山相連長阿中有連石，古時名為積金山」，「巁」是「連」增旁俗字，指相連之石。「巁」形誤作「峰」，復易作「峯」。

（2）是清源幽瀾，洞泉遠沽耳

按：沽，《茅山誌》卷6作「沾」。此文當據校正，麥谷氏（P348）、趙益（P193）並失校。

（3）正金陵之福地也（雖有耆〔老〕相承，傳譯漸失，兼汙源迴異，不必可指的為據也。）

按：「迴」是「迴」形誤，麥谷氏（P348）、趙益（P194）並失校。「指的」亦作「指適」，猶言核查確實。

（4）上有小盤石，在嶺上以覆埳處

按：道藏本「盤」作「磐」，麥谷本與底本不符（P359）。埳，元劉大彬《茅山誌》卷6、元至正四年刊本《至正金陵新志》卷5同，當據四庫本、學津討原本校作「塪」，形近而譌。麥谷氏（P359）、趙益（P197）並失校。下文「塪上有聚石」，又「塪上四面有小盤石鎮其上」，亦當校正。

（5）始皇聖德，章平山河

按：《茅山誌》卷6、《至正金陵新志》卷5「章平」作「平章」，《御覽》卷41引《許邁別傳》同。此文當據校正，麥谷氏（P359）、趙益（P197）並失校。《書·堯典》：「九族既睦，平章百姓。」「平章」亦作「辯章」。

（6）觀借柯，度梅渚，過丹陽

麥谷曰：梅渚，《史記‧秦始皇本紀》作「海渚」。《正義》引《括地志》曰：「舒州同安縣東。按舒州在江中，疑『海』字誤，即此州也。」（P368）

按：道藏本「借」作「藉」，麥谷本與底本不符（P360）。《括地志》僅「舒州同安縣東」一語，「按舒州」云云均張氏《正義》按語，麥谷氏亦不了。又《史記》「觀籍柯」云云，亦當引。

（7）良常之意，從此而名（始皇……刻石紀功，還過吳，渡江來（乘），並北海，至瑯琊，至平原得病。）

麥谷曰：來，《史記‧秦始皇本紀》作「乘」，今從之。（P368）

按：《史記‧秦始皇本紀》：「還過吳，從江乘渡，並海上，北至琅邪。」「江乘」是縣名。此文「並北海，至瑯琊」亦當據《史記》校正，麥谷氏（P360）、趙益（P198）並失校。

（8）亦出山外對館（內有洞，入數丈漸峽小，不復容人，乃飂飂有風……今正對邏前小近下復有一穴，湧泉特奇……自隱居住來，燝養成秀，於形望大好。）

按：飂飂，《茅山誌》卷6、《至正金陵新志》卷5作「飅飅」。邏，讀作櫂，音轉作柂、籬，籬落也。四庫本、重刊道藏輯要本、學津討原本「住來」誤作「往來」。重刊道藏輯要本「燝」作「氣」。「燝」蓋「氣」增旁俗字。

（9）昔東海青童君曾乘獨飂飛輪之車

按：《御覽》卷663引「乘獨飂飛輪之車」作「乘風飂飛輪車」，《上清道寶經》卷4作「乘獨飆飛輪車」。《述異記》卷上：「昔有青童秉燭飂飛輪之車至此。」「秉燭」是「乘獨」形誤字。

（10）青童飂輪之迹，今故分明（患於無良侶可同登陟之艱，獨行又覺踽踽。）

麥谷曰：《毛詩‧杕杜》「獨行踽踽」，毛傳曰：「踽踽，無所親也。」（P371）

按：《說文》：「踽，疏行貌。《詩》曰：『獨行踽踽。』」字亦作「偊偊」、「瑀瑀」，聲轉又作「吾吾」、「俉俉」、「衙衙」、「與與」、「懊懊」。

（11）中茅山東有小穴，穴口才如狗竇，劣容人入耳

按：道藏本「才」作「纔」，麥谷本與底本不符（P363）。劣，猶僅也。

（12）鼎可容四五斛許，偓刻甚精好（每吉日，遠近道士咸登上，燒香禮拜。）

按：《御覽》卷 659 引《太上三洞寶經》無「許」、「偓」二字，「登上，燒香禮拜」作「登山瞻視」。疑「上」是「山」形誤。

（13）有晉末得道者任敦住處，合藥竈墟猶存

按：墟，基址也。字亦作坵，語源是跖，亦借「蹠」為之。《說文》：「跖，足下也。」「跖」為足底，故土基、基址義的字改從土旁作坵（墟）。俗字亦作坺，又轉作掖，音亦轉作謝音，音隨形易矣。佛經習見。

（14）昔初拜八月八日書，已操身至述虛徐汛家

按：道藏本「汛」作「汜」，下同，麥谷本誤也（P375）。

（15）尋遇天旱，佃不收塘壞

按：道藏本「壞」作「壞」，麥谷本誤也（P375）。「佃不收」三字句，趙益本不誤（P208）。

卷十二《稽神樞》第二

（1）夫勤未上徹，精未廣釐，真要之斝，未可豫及也

按：釐，讀為來、倈，至也，與「徹」訓達義近。

（2）是以古唱有云「逢時不邁，山客拼粲」者矣

按：《真太上說智慧消魔真經》卷 1：「何可長染風塵，終為上皇所拼粲者乎？」拼粲，猶言歡笑。

（3）於是乘結元之輦，北巡幽陵，南至交趾，西濟流沙，東至蟠木

按：「蟠木」是「扶木」轉語，又音轉作「榑木」，指扶桑也。

（4）四行天下，周旋八外

按：《路史》卷 17 同。《仙苑編珠》卷上「八外」誤作「八卦」。

（5）陳留張季札，當弔師喪，車敗牛困（《漢書》云：「……有陳留
張季札遠赴師喪，遇寒冰，車敗……季札意其子相也……河南
種稗臨郡，引為功曹。」）

按：《後漢書‧劉翊傳》「季札」作「季禮」，「種稗」作「种拂」。《御覽》
卷 420、476、《事類賦注》卷 16 引謝承《後漢書》「季札」亦作「季禮」。《書
鈔》卷 78、《文選‧陳太丘碑文》李善注引謝承《後漢書》「種稗」亦作「种
拂」，《御覽》卷 236 引張璠《漢紀》同。「禮」俗作「礼」，形誤作「札」。「種
稗」是「种拂」之誤。麥谷氏（P387）、趙益（P215／216）並失校。

（6）今有劉翊，字子翔者居之（《漢書》云：「翊字子相。」翊字子
翔，於字例相得，而「翊」義亦是「相」，「相」作息亮切音，
二者未詳孰正。）

按：《御覽》卷 419 引《英雄記》、又卷 420 引謝承《後漢書》並云「劉
翊字子相」，陶淵明《集聖賢群輔錄》卷上同，與《後漢書‧劉翊傳》合。《御
覽》卷 679 引《天戒經》作「劉翊字子朔」，「朔」乃「翔」形誤。

（7）定錄府有典柄執法郎，是淳於斟，字叔顯（《易參同契》云：
「桓帝時上虞淳於叔通，受術於青州徐從事。」如此亦為小異。）

按：道藏本「斟」作「執」，「淳於」作「淳于」，麥谷本並誤（P388）。叔
顯，《無上秘要》卷 83 同，《御覽》卷 666 引作「叔顋」，又卷 679 引《天
戒經》作「叔通」。「顋」蓋「顯」形誤。顯、通義近。

（8）後入吳烏目山中隱居，遇仙人慧車子，授以虹景舟經（吳無烏
目山，娶及吳興並有天目山，或即是也。慧車子無別顯出。）

按：①陶說「烏目山」或即「天目山」，非是。俞樾曰：「余疑『目』乃
『冃』字之誤。古帽字也。烏帽者，烏巾也。即吾邑之烏山耳。雖未敢質言，
姑附其說於此。」〔註70〕俞說亦未得。烏目山是常熟虞山、破山、頂山、小

〔註70〕俞樾《茶香室三鈔》卷 3「張烏巾」條，收入《春在堂全書》第 6 冊，鳳凰出
版社 2010 年版，第 494 頁。

山等山的合稱。宋·陳于《新甃頂山路記》：「常熟居海濱，地無大山，縣依山之陽，是為隅山，以瀕海之隅也；又名虞山，以昔人虞治於此也；山北行九里，是為破山，以鬭龍破山而為澗也；又北行九里為頂山，又北行六七里為小山。山之南北相距纔三四十里，而名已不一矣。又合而名之，或曰烏目山。烏縣人往還，以舟航為安向，視道路無不勞苦者。」②慧車子，《真靈位業圖》：「惠車子，淳于典柄之師。」《無上秘要》卷83《得鬼官道人名品》同。《雲笈七籤》卷27引《天地宮府圖》：「第四西嶽華山洞：周迴三百里，名曰總仙洞天，在華州華陰縣，真人惠車子主之。」

（9）明晨侍郎周爰支者，漢河南尹周暢伯持之女也

按：爰支，《真靈位業圖》作「夏友」，《無上秘要》卷83《得鬼官道人名品》作「愛友」，《御覽》卷664引《集仙錄》作「爰友」。字形並近，「支」當是「友」形誤，而上一字則未知孰正？麥谷氏（P390）、趙益（P218）並失校。

（10）應時大雨豐收

按：豐收不得言應時。《後漢書·周嘉傳》作「應時澍雨，歲乃豐稔」，《御覽》卷11、252引謝承《後漢書》同，「豐收」上脫「歲乃」二字。

（11）明晨侍郎夏馥，字子治，陳留人也

按：子治，《後漢書·黨錮列傳》、《後漢紀》卷22、陶淵明《集聖賢群輔錄》卷上、皇甫謐《高士傳》卷下、《御覽》卷679引《天戒經》並同，《真靈位業圖》作「子恬」。「恬」是「治」形誤，《說郛》卷57引《位業圖》亦作「子治」。《無上秘要》卷83《得鬼官道人名品》又誤作「子冶」。

（12）童初府上帥用劉文饒。文饒者，弘農劉寬也

麥谷曰：《真靈位業圖》：「童初府師上侯劉寬。」《無上秘要》卷83《得鬼官道人名品》曰：「劉寬，字文饒……來為童初府師正侯。」（P399）

按：下文「（劉寬）今在洞中作童初府帥上矦」，《三洞群仙錄》卷6「劉寬府帥，賀亢員郎」條引「帥上矦」作「帥正侯」。此文「上帥用」、「帥上矦」當是「帥正矦」之誤。各書「師上侯」、「師正侯」亦有誤字。趙益讀作「童初府上帥，用劉文饒」（P219），亦誤。

（13）學道當如山世遠，去人事如清虛真人，步深幽當如周紫陽（清
　　　虛王君、紫陽周君，各自有傳。）

　　按：清虛，《上清眾真教戒德行經》卷下、《太清金液神氣經》卷下作「清
靈」。陶注「清虛王君」，則當作「清虛」；清靈真人則是裴君。又《德行經》、
《神氣經》「去人事」下有「當」字，當據補，麥谷氏（P392）、趙益（P221）
並失校。

（14）建志當令勤，研神令虛，所為所作當令密

　　按：《德行經》卷下、《神氣經》卷下「研神」下有「當」字，當據補，麥
谷氏（P392）、趙益（P221）並失校。

（15）張姜子，西州人，張濟妹也

　　麥谷曰：張姜子，又見《無上秘要》卷83《得鬼官道人名品》。《真誥》
卷13：「張姜子等先在第二等中，亦始得入易遷耳。」（P401）

　　按：《上清僊府瓊林經》亦作「張姜子」。《真靈位業圖》誤作「張美子」。

（16）瓊子琬，司徒太尉，為李權所殺

　　麥谷曰：參照《後漢書·黃琬傳》。據該傳，「李權」為「李傕」之誤。
（P402）

　　按：重刊道藏輯要本誤同，四庫本、學津討原本作「李傕」不誤。趙益本
（P223）後出，卻不知校正。

（17）其亦欲設牀寢，令精氣之往有所樓者也

　　按：道藏本「樓」作「棲」，麥谷本誤也（P394）。

卷十三 《稽神樞》第三

（1）或身求長生，步道所及

　　按：《道跡靈仙記》「步」作「涉」。此文當據校正，麥谷氏（P403）、趙
益（P224）並失校。

（2）夫求之者非一，而獲之者多途矣。要由世積陰行，然後皆此
廣生矣

按：《道跡靈仙記》「皆」作「階」。此文當據校正，麥谷氏（P403）、趙
益（P224）並失校。階，猶從也，因也，今言依據、憑藉。

（3）受學化形，濯景易氣

按：濯，《道跡靈仙記》、《御覽》卷660引同，《雲笈七籤》卷86引誤作
「濁」。

（4）十二年氣攝神魂，十五年神束藏魄

按：束，《雲笈七籤》卷86引同，《道跡靈仙記》引誤作「來」。

（5）百年得入昆盈之宮

麥谷曰：《雲笈七籤》卷86引作「百年得入崑瀛之宮」。（P408）

按：昆盈，《道跡靈仙記》引作「崑瀛」。盈、瀛古字通用。

（6）鬼帥之位次亦如此矣（世中亦往往有此，改變隱適，難已意量，
殆入不可思議之境耳。）

按：《真誥》卷11「今輒當隱量求處臨時告悟」，又陶注云「以論跡而言，
隱量正應大茅左右」，又陶注云「此即洞天東門也，隱量乃可知處」。「隱量」
凡三見，「意量」是其音轉，意、隱一聲之轉耳。

（7）素臺數微服遊行道巷，盼山澤以自足矣

按：盼，《雲笈七籤》卷85、《茅山誌》卷14作「眄」，又卷115作「眇」。
「盼」、「眄」均「眇」形誤。麥谷氏（P404）、趙益（P225）並失校。

（8）此數人並天姿鬱秀，澄上眇邈，才及擬勝，儀觀駭衆

按：澄上，《上清僲府瓊林經》（下文省稱作《瓊林經》）作「澄尚」，《茅
山誌》卷14作「清澄」。疑「澄止」形誤作「澄上」，復音誤作「澄尚」。《茅
山誌》「才及」誤作「才文」。

（9）此則主者之高者，仙官之可才

按：可才，《瓊林經》同。《茅山誌》卷14「者」作「輩」，「可」作「奇」。

（10）其次及得張善子輩

　　麥谷曰：張善子，疑為「張姜子」之誤。（P408）

　　按：麥谷說是，《瓊林經》、《茅山誌》卷 14 正作「張姜子」。

（11）故後來人多宗芘之

　　按：芘，《瓊林經》作「庇」。庇、芘，正、借字。

（12）韓太華者，安國妹，漢二帥（師）將軍李廣利之婦

　　麥谷曰：「帥」字，以意改為「師」字。（P406）

　　按：麥谷說是，《瓊林經》、《茅山誌》卷 14、《歷世真仙體道通鑑後集》
卷 4 正作「師」字。

（13）其用心如此（如此說，則妻復似是綠夫之功，而夫身反不見有
　　　所果，眾亦難可詳言。）

　　按：道藏本「綠」作「緣」，無「眾」字，麥谷本誤也（P405）。

（14）保命君告（……進退拯（極）難詳。）

　　麥谷曰：「拯」字，以意改為「極」字。（P406）

　　按：重刊道藏輯要本、學津討原本誤同，四庫本作「極」字。

（15）微子曾精思於寢靜，誠心感靈，故文期降之，授以服霧之道也

　　按：《三洞珠囊》卷 5「靈」誤作「處」。

（16）神煙合啟，金石華真

　　按：合，啟，讀為契，亦合也。另詳《真誥》卷 10 校補。

（17）臨目施行，視日亦佳

　　按：《真誥》卷 10、《登真隱訣》卷中、《三洞珠囊》卷 3、《雲笈七籤》
卷 61「亦」作「益」。益、亦，正、借字。

（18）其法雖鮮，其事甚驗

　　按：鮮，《真誥》卷 10、《登真隱訣》卷中、《雲笈七籤》卷 61 同，《御
覽》卷 669 引作「簡」。

（19）整往為常道鄉公傅

按：道藏本「傅」作「傅」，麥谷本誤也（P412）。

（20）所謂福鄉之奈，以除災厲

按：厲，《太清金液神氣經》（下文省稱作《神氣經》）卷下、《雲笈七籤》卷111作「癘」。《神氣經》「奈」形誤作「李」。

（21）昔學道於鬼谷，道成於少室，養翮於華陽，待舉於逸域

按：域，《雲笈七籤》卷111同，《三洞群仙錄》卷13誤作「城」。

（22）今舍前有塘，乃郭四朝所造也，高其牆岸，蓋水得深，但歷代久遠，塘牆頹下耳（「今舍」語似是論長史宅，宅前今乃有塘，近西為堤牆，即是過遏柳汧水，而去郭千甚遠。）

按：道藏本「遏」前無「過」字，麥谷本誤衍也（P414）。蓋，《神氣經》卷下、《茅山誌》卷8作「益」。此文當據校正，麥谷氏（P414）、趙益（P232）並失校。《神氣經》上「牆」誤作「墉」，下「牆」字不誤。

（23）玄鳥藏幽野，悟言出從容

趙益曰：藏，《雲笈七籤》卷96作「翔」。（P232）

按：《諸真歌頌》亦作「翔」。

（24）浪神九垓外，研道遂金真

麥谷曰：金真，《真誥》卷5：「仙道有金真玉光，以映天下。」（P418）

按：《諸真歌頌》、《神氣經》卷下、《雲笈七籤》卷96、111「垓」作「陔」，「金」作「全」。此文當據校「金真」作「全真」，麥谷氏（P415）、趙益（P233）並失校。麥谷氏所引，非是。垓、陔，正、借字。

（25）顧哀朝生惠，孰盡汝車輪（女寵不弊席，男愛不盡輪。朝生，蜉蝣也，以喻人之在世，易致消歇耳。）

按：惠，《神氣經》卷下作「慧」，《諸真歌頌》、《雲笈七籤》卷96作「蟪」，《雲笈》卷111作「輩」。「惠」是「蟪」省文，「慧」是其音誤。《莊子·逍遙遊》：「朝菌不知晦朔，蟪蛄不知春秋，此小年也。」「朝生」亦可指朝菌，朝生暮死之菌芝。《容齋四筆》卷2引鬼谷子《與蘇秦張儀書》：「夫

女愛不極席，男歡不畢輪。」《渚宮舊事》卷 3 江乙曰：「是以嬖妾不弊席，寵臣不弊輪。」

（26）遊空落飛飆，靈步無形方

按：靈，《諸真歌頌》、《雲笈七籤》卷 96「靈」同，「飛」作借字「非」。《神氣經》卷下、《雲笈七籤》卷 111「飛」同，「靈」作「虛」。

（27）圓景煥明霞，九鳳唱朝陽

按：圓，各書同，《神氣經》卷下誤作「圖」。

（28）暉翩扇天津，菴藹慶雲翔

按：菴藹，《雲笈七籤》卷 111 同，《神氣經》卷下作「晻靄」，《諸真歌頌》、《雲笈》卷 96 作「晻藹」。又各書「暉」作「揮」。「菴藹」同「晻藹」、「晻靄」，字亦作「奄靄」、「暗靄」、「闇藹」、「黯藹」、「掩藹」，盛貌。

（29）高皇齊龍輪，遂造北華室

按：造，《諸真歌頌》、《雲笈七籤》卷 96、111 同，《神氣經》卷下、《上清道類事相》卷 4 引作「迴」。

（30）張玄賓者，定襄人也，魏武帝時曾舉茂才，歸鄉里，事師西河薊公，服术餌，兼行洞房白元之事。後遇真人樊子明於少室，授以遂變隱景之道

按：薊，《雲笈七籤》卷 111 同，《御覽》卷 669 引作「葪」，俗字；《雲笈》卷 85 誤作「蘇」，《仙苑編珠》卷中引誤作「蒴」。《漢武帝外傳》「薊子訓」，《神仙傳》卷 6 誤作「蒴子順」。事師，當據《御覽》乙作「師事」。《雲笈》卷 85、111 作「始師」，與下文「後遇」對文，亦通。麥谷氏（P420）、趙益（P234）並失校。

（31）遂授行挹日月之道，又服九靈明鏡華，遂得〔仙〕。昔亦來在華陽內為保命丞

麥谷曰：「仙」字，從俞本補。（P421）

趙益曰：「遂得」，俞校以為其下脫「仙」字，恐非。蓋「又服……遂得

仙」，與前文「學道得仙」矛盾。此二字或涉上文「遂授」云云而衍，或其下另有脫文。（P235）

按：道，《三洞珠囊》卷 3、《御覽》卷 679、《雲笈七籤》卷 111、《茅山誌》卷 13 引作「景」。《三洞珠囊》、《雲笈》、《茅山誌》「又服」句「華」上有「之」字。此文當據校正，麥谷氏（P421）、趙益（P234）並失校。《御覽》、《雲笈》引「遂得」下有「道」字，無「昔」字。此文「昔」當即「道」字脫誤，屬上句。又《雲笈》「靈」誤作「雲」。

（32）杜契（契）者，字廣平，京兆杜陵人（契（契）音薛，即與「舜」同，「契（契）」字四畫，「契」三畫，分毫有異也。）

麥谷曰：契，俞本作「契」，今從俞本。（P426）

按：音薛之字是「契」，《晉書音義》卷中《晉書卷三十九》：「契，音薛。」麥谷改作四畫之「契」，非是，趙益亦從之而誤（P236）。陶氏又說「與舜同」，不詳所據，當說「與『禹、离』之离同」（「禹、离」即「禹、契」，亦作「禹、偰」。契是殷人先祖）。四畫之「契」字無考。《真靈位業圖》、《無上祕要》卷 83、《雲笈七籤》卷 96、111、115 均作三畫之「契」字。

（33）淳景翳廣林，曖曖東霞升

趙益曰：淳，《雲笈七籤》卷 96 作「淳」。（P238）

按：《諸真歌頌》、《雲笈七籤》卷 96「淳」作「淳」，「曖曖」作「曖日」。此文當據校「淳」作「淳」，麥谷氏（P426）失校。

（34）矯手攝洞阜，棲心潛中興

麥谷曰：矯手，陸機《吳趨行》：「大皇自富春，矯手頓世羅。」李善注曰：「《說文》曰：『矯，舉手也。』」（P428）

按：《諸真歌頌》同，《雲笈七籤》卷 96「矯手攝」作「矯首躡」。攝，讀作躡。手，讀作首。矯首，舉首也。麥谷氏所引非是。

（35）以其人曾居此山，取此水故也（於時草萊蕪沒，王即芟徐尋覓，果得磚井。）

按：道藏本「徐」作「除」，麥谷本誤也（P430）。趙益本脫「即」字，「覓」誤作「竟」（P239）。

（36）此山正東面有古時越翳王冢（越翳王是句踐四世孫，初不肯立，逃入菁山穴，越人董（薰）出之。）

麥谷曰：董，俞本作「薰」，今從俞本。《莊子・讓王》：「越人三世弒其君，王子搜患之，逃乎丹穴，而越國無君。求王子搜不得，從之丹穴，王子搜不肯出，越人薰之以艾，乘以王輿。」（P431～432）

按：四庫本、學津討原本亦作「薰」，《茅山誌》卷8引作「燻」。《淮南子・原道篇》：「越王翳逃山穴，越人熏而出之，遂不得已。」《論衡・命祿》：「越王翳逃山中，至誠不願，自冀得代，越人燻其穴，遂不得免，彊立為君。」《真誥》卷20「菁山道士樊仙」，亦出菁山。《華陽陶隱居集》卷下載陶弘景《太平山日門館碑》：「先是吳郡杜徵君……拓宇太平之東，結架菁山之北。爰以此處幽奇，別就基構。」杜徵君即杜京產，所居在太平山、菁山之間。《雲笈七籤》卷107引陶翊《華陽隱居先生本起錄》云陶弘景「又到餘姚太平山謁居士杜京產」，則二山在餘姚也，太平山非蘇州之太平山。《茅山誌》引「菁山」誤作「胥山」。

（37）華陽中玉碣文……其文曰：「解帶被褐，尋生理活。養存三亦，洞我玉文。」

按：《御覽》卷672引「三亦」作「三元」。此文當據校正，麥谷氏（P432）、趙益（P240）並失校。

（38）總神列三府，分途交五便

按：途，《華陽陶隱居集》（下文省稱作《陶集》）卷上作「除」，《茅山誌》卷28作「塗」。「除」是借字。

（39）陰暉迎夜晢，晨精望曉懸

按：道藏本「晢」作「晳」，麥谷本誤也（P433）。

（40）南峰秀玄鼎，北嶺橫秦璧

按：璧，《陶集》卷上作「壁」。趙益本徑作「壁」（P241），與底本不符。

（41）廟貌或時饗，別宅乃恒恭

麥谷曰：廟貌，《毛詩・清廟序》鄭箋：「廟之言貌也。」諸葛亮《黃陵廟碑》：「廟貌廢去，使人太息。」（P435）

按：「廟貌」不可言饗，麥谷所引，非是。上句《陶集》卷上作「鶴廟或聞響」，《茅山誌》卷 28 作「鶴廟或時響」。

（42）重離儻或似，七元乃扶胥

按：「扶胥」是「扶疏」轉語，或作「扶疋」、「搏疋」，又音轉作「扶與」、「扶輿」、「扶於」，四布貌。

（43）迨乃承唐世，將賓來聖庭

按：上句《陶集》卷上作「迨及唐承世」。此文「乃」當據校作「及」，麥谷氏（P434）、趙益（P243）並失校。《陶集》「唐承世」則誤倒。

卷十四《稽神樞》第四

（1）惰性仁篤，口不言惡

按：道藏本「惰」作「情」，麥谷本誤也（P438）。

（2）今在洞中（子顯，字稚元，傳父業研精，學徒常數伯人。）

按：「伯」是「佰」形誤，麥谷氏（P442）、趙益（P248）並失校。

（3）武當山道士戴孟者，乃姓燕名濟，字仲微，漢明帝末時人也……周旋名山，日行七百里，多所經涉，猶未得成仙人也

按：周旋，《無上祕要》卷 83 引《得地仙道人名品》、《御覽》卷 663 引劉向《列仙傳》同；《御覽》卷 666 引《道學傳》、《三洞群仙錄》卷 11 引《高道傳》作「周遊」。「周旋」是「周斿」之誤，即「周遊」。《真誥》卷 20：「遊行諸山。」《神仙傳》卷 4：「周遊五嶽。」麥谷氏（P445）、趙益（P249）並失校。

（4）戴公拍腹有十數卷書，是《太微黃書》耳（拍腹之義，謂恒以繫腰也。）

按：趙益本「繫」誤作「擊」（P250）。拍，讀為縛，束也，繫也。馮利華等謂「拍腹」即「帕腹」、「袙腹」，引《釋名》：「帕腹，橫帕其腹也。」又引王先謙《疏證補》：「《晉書·齊王冏傳》：『時謠曰：「著布袙腹，為齊持服。」』

梁王筠詩：『裲襠雙心共一襪，袙腹兩邊作八襵。』合成國此釋，猶可揣其遺制。」〔註71〕其說非是，「帕腹」、「袙腹」者，「帕（袙）」之言趄也、驀也，猶言越也。《釋名》「橫帕其腹」，言橫著越過其腹部也。絡頭之物曰「帕頭」，亦作「陌頭」、「袙頭」、「貊頭」、「佰頭」、「絈頭」、「帕頭」、「抹頭」，與「帕腹」取義正同，言橫著越過其頭部之物也。《廣雅》：「裲襠謂之袙腹。」則袙腹是裲襠，即兩擋，取擋前擋後為義也，此物今謂之背心，背心不得有十數卷書也。

（5）云坐上常有一人共坐𪗪者（應是「胇胇」，不明狀也），即太極真人，時往來也

　　按：𪗪，《太清金液神氣經》卷下作「胇胇」，《雲笈七籤》卷 51 引《華陽諸洞記》作「昉昢」。

（6）桐柏有二十五人弟子，八人學佛（入室弟子於弘智、竺法靈、鄭文成、陳元子。）

　　按：道藏本「於」作「于」，麥谷本誤也（P446）。

（7）華陰山中有學道者尹虔子、張石生、李方回，並晉武帝時人

　　按：虔子，《真靈位業圖》、《無上祕要》卷 83 引《得九宮道人名品》同，《御覽》卷 669 引誤作「受子」。

（8）衡山中有學道者張禮正、冶明期二人

　　麥谷曰：《真靈位業圖》列有「張禮正、冶明期」。（P450）

　　按：《真靈位業圖》作「治明期」，麥谷氏所引誤也。《上清道類事相》卷 4、《御覽》卷 671 引本書亦作「治」字，《無上祕要》卷 83 引《得九宮道人名品》、《類聚》卷 7 引《名山略記》同；《道跡靈仙記》（下文省稱作《靈仙記》）作「李」。「冶」是「治」形誤。《元和姓纂》卷 2 引何氏《纂文》有「治」姓，云：「音遲。」麥谷氏（P447）、趙益（P252）並失校。《御覽》卷 669、671 二引「張禮正」倒作「張正禮」，又卷 662 引《集仙錄》同。

〔註71〕馮利華、徐望駕《陶弘景〈真誥〉的語料價值》，《中國典籍與文化》2003 年
　　　　第 3 期，第 19 頁。

（9）海中有狼五山，中有學道者虞翁生，會稽人也（狼五山在海中，
對白章岸。今直呼為狼山。）

麥谷曰：《真靈位業圖》列有「虞公生」，注曰：「海中狼山。」（P450）

按：狼五山，《御覽》卷 669、《會稽志》卷 15 引作「狼伍山」，《無上祕
要》卷 83 引《得九官道人名品》、《靈仙記》同。

（10）朱犹者，陳留人也。為人無道，專作劫盜，後人發覺收掩，犹
得逸出遠他境

麥谷曰：《真靈位業圖》列有「朱犹」，注曰：「陳留人，昔作劫盜。」（P454）

按：道藏本二「犹」字作「𤞤」，乃「狌」俗字。《上清僊府瓊林經》（下
文省稱作《瓊林經》）引作「𤞤」，正是「狌」字。《真靈位業圖》道藏本作「𤞤」，
本就是「狌」，非「犹」字。《太上感應篇》卷 30「朱狌亦一劫賊」云云，用
此典，正是「狌」字。《真誥》卷 20「有云許𤞤子，似是挨小名也」，「𤞤」
亦是「狌」。麥谷氏（P451 / 593）、趙益（P254 / 356）俱不識俗字，因誤作
「犹」。「他境」上亦當據《瓊林經》所引補「遁」字，上文「遠遁山林」文例
亦同。麥谷氏（P451）、趙益（P254）並失校。

（11）郭靜者，穎川人也。少孤，無父母兄弟，窮苦依棲無所

麥谷曰：《真靈位業圖》列有「郭端」，注曰：「穎川人，少孤，為縣吏。」
（P455）

按：《瓊林經》引亦作「郭靜」。《位業圖》「端」是「靖」形誤，「靖」同
「靜」。

（12）復於天維山赤松子降，受其二人真道

按：《瓊林經》引作「後於天維山中，赤松子降，授其二人真道」。此文當
據校「復」作「後」，麥谷氏（P452）、趙益（P254）並失校。

（13）岱郡段季正

按：《瓊林經》、《靈仙記》、《無上祕要》卷 84 引《得太極道人名品》「岱」
作「代」。此文當據校正，下文同，麥谷氏（P452）、趙益（P255）並失校。

（14）季王臨去之際，託形枕蓆，為代己之像

按：道藏本「王」作「主」，「蓆」作「席」，麥谷本誤也（P452）。

（15）碑讚末曰：「先生理著，分別柔剛。鬼神以觀，六度顯明。」

按：理著，《靈仙記》、《雲笈七籤》卷 85、《玄品錄》卷 1 同，《瓊林經》形誤作「理蓍」。

（16）太原王養伯者，漢高呂後攝政時中常侍、中琅瑘（郎）王探也

麥谷曰：琅，從注文改為「郎」。瑘，蓋為衍字。（P454）

按：道藏本「後」作「后」，「琅」作「瑘」，麥谷本誤也（P453）。《靈仙記》「中瑘瑘」作「中郎」，又「王探」誤作「王採」。《仙苑編珠》卷中：「王探，字養伯，漢文帝稱為逸人。」

（17）少服澤瀉，與留侯張良俱採藥於終南山，而養伯不及，遂師事季主

按：《靈仙記》「及」作「返」。「及」當是「反」形誤，四庫本、重刊道藏輯要本、學津討原本正作「反」，麥谷氏（P453）、趙益（P256）並失校。

（18）季主一男一女俱得道，男名法育也，女名濟華，今皆在委羽山中

按：法育，《御覽》卷 664 引同，《靈仙記》、《雲笈七籤》卷 85 亦同，《瓊林經》誤作「汝育」。

（19）昨夜東卿至，聊試請問季主本末，東卿見答，令疏如別，為以上呈，願不怪之，省訖付火

按：《靈仙記》「令」作「今」。此文當據校正，麥谷氏（P453）、趙益（P256）並失校。

（20）去月又見《授神虎經注解》，注解非世間所聞，亦自不掌其旨也

按：《靈仙記》「掌」作「賞」。此文當據校正，麥谷氏（P454）、趙益（P257）並失校。

（21）范安遠適云：「湛子不事齊，齊師伐之。」《春秋傳》曰：「湛無禮也。」（此則《左傳》上事，「諶」字作「譚」字，音譚，國名也。莊王十三年，為齊桓所滅。）

麥谷曰：《春秋·莊公十年》曰：「冬十月，齊師滅譚。」《左傳》曰：「齊

侯之出也，過譚，譚不禮焉。及其入也，諸侯皆賀，譚又不至。冬，齊師滅譚，譚無禮也。」（P457）

按：古音湛、譚侵部疊韻相轉。

（22）莊子師長桑公子，授其微言，謂之莊子也，隱於抱犢山，服北肓火丹，白日升天

麥谷曰：《三洞珠囊》卷3曰：「(《登真隱訣第七》)又云：『北肓火丹。』」（P457）

按：道藏本「肓」作「育」，麥谷本誤也（P456），四庫本、學津討原本誤同。又麥谷氏所引《三洞珠囊》，道藏本亦作「育」字。

（23）郭芍藥，漢度遼將軍東平郭騫女也

按：《無上祕要》卷84引《得太清道人名品》「度」作「渡」，「騫」作「騫」。

（24）吞琅玕之華而方營丘墓者，衍門子、高丘子、洪涯先生是也

按：吞，《雲笈七籤》卷84、《續博物志》卷7引同；《三洞珠囊》卷3引《登真隱訣》、《無上祕要》卷87、《上清眾經諸真聖秘》（下文省稱作《諸真聖秘》）卷7作「飛」。

（25）後服金液之末，又受服琅玕華於中山

趙益曰：末（水），據《無上祕要》卷87引《洞真藏景錄形神經》、《雲笈七籤》卷84引改。（P259）

按：趙校是也。《御覽》卷672引《太上太宵琅書》引《劍經序》「高丘子服金液水」，亦是「水」字。

（26）服金丹而告終者，臧廷甫、張子房、墨狄子是也

按：道藏本「廷」作「延」，麥谷本誤也（P459）。墨狄，《諸真聖秘》卷7同；《雲笈七籤》卷84引作「墨翟」，《無上祕要》卷87同。

（27）挹九轉而尸晃

按：挹，《諸真聖秘》卷7、《雲笈七籤》卷84同，《無上祕要》卷87形譌作「抱」。

（28）夏禹詣鍾山，啖紫柰，醉金酒，服靈寶，行九真，而猶葬於
會稽

按：金酒，《無上祕要》卷 87 同，《諸真聖秘》卷 7 作「金液」。葬，《無
上祕要》作「隱」。

（29）豈同腐骸太陰，以肉餉螻蟻者哉

按：豈同，《雲笈七籤》卷 84 引作「豈肯」，《無上祕要》卷 87、《諸真聖
秘》卷 7 同。「同」疑「可」形誤，「可」與「肯」同義。

（30）至於青精先生、彭鏗、鳳綱、南山四皓、淮南八公

趙益曰：南（商），據《無上祕要》卷 87 引《洞真藏景錄形神經》改。
（P260）

按：「南山四皓」亦不誤，不當輒改。孔融《告高密縣立鄭公鄉教》：「又
南山四皓有園公、夏黃公，潛光隱耀，世嘉其高，皆悉稱公。」

（31）實玄實師，號曰元人。變成三老，友帝之先

按：「友」疑「在」形誤。

（32）赤怪潛駭，三柱為灾（赤怪則熒惑星也。三柱者五車星中三桂
也，步（陟）屢反。）

麥谷曰：步，宮本作「陟」，今從宮本。（P464）

按：四庫本、重刊道藏輯要本、學津討原本亦作「陟」。道藏本「桂」作
「柱」，麥谷本誤也（P464）。

（33）桐柏山……在會稽東海際，一頭亞在海中

按：亞，挨也，倚也，字亦作偃。《剡錄》卷 2、《會稽志》卷 9 引「亞」
作「入」，乃以意改。

（34）樹則蘇玡、琳碧，泉則石髓、金精

按：唐徐靈府《天台山記》：「樹則蘇玡、琳碧。泉則石髓、金漿。」唐司
馬丞禎《上清侍帝晨桐柏真人真圖讚》：「泉則石髓、金精，樹則蘇牙、琳碧。」
並出此文。《太上大道玉清經》卷 2：「泉池四邊周帀寶樹，蘇牙琳碧，瓊枝玉
條。」「蘇牙（玡）」是七寶之一。《傳授三洞經戒法籙略說》卷下：「七寶：黃

金白銀一，珊瑚二，琥珀三，硨磲四，瑪瑙五，真珠六，碧玉七。一云：瑠璃、蘇牙、白玉、真珠、硨磲、瑪瑙、琥珀。」

（35）方丈之西北有陰成大山，滄浪西南有陽長大山……此二山是陽九、百六曆數之標揭也

按：道藏本「標」作「摽」，麥谷本與底本不符（P466）。曆數，《御覽》卷674引《南真說》作「應數」。

（36）百六之運將至，則陽長水竭，陰成水架矣。陽九之運將至，則陰成水竭，陽長水架矣

按：架，讀為駕，上涌也。

卷十五 《闡幽微》第一

（1）世人有知酆都六天官門名，則百鬼不敢為害（前云官名，今云門名，是為門亦因宮為名。）

按：道藏本二「官」字作「宮」，麥谷本誤也（P470）。

（2）紂絕標帶（帝）晨，諒事遷重阿

麥谷曰：帶，宮本作「帝」，今從宮本。（P477）

按：道藏本「標」作「摽」，麥谷本與底本不符（P472）。四庫本、學津討原本作「帝晨」。

《登真隱訣》卷中、《上清握中訣》（下文省稱作《握中訣》）卷中、《道跡靈仙記》（下文省稱作《靈仙記》）、《太上北極伏魔神咒殺鬼籙》（下文省稱作《殺鬼籙》）、《太上元始天尊說北帝伏魔神咒妙經》（下文省稱作《神咒妙經》）卷1、《酉陽雜俎》卷2、《雲笈七籤》卷47、《太上三洞神咒》（下文省稱作《三洞神咒》）卷10同；《上清三真旨要玉訣》（下文省稱作《玉訣》）作「帝神」。

（3）武陽帶神鋒（峯），恬昭吞青河

麥谷曰：「鋒」字，以意改為「峯」字。（P477）

按：上句，《登真隱訣》卷中、《酉陽雜俎》卷2作「武陽帶神鋒」，《玉訣》、《握中訣》卷中、《殺鬼籙》、《雲笈七籤》卷47、《三洞神咒》卷10作「武

城帶神鋒」，《靈仙記》作「武城帶神峯」，《神咒妙經》卷 1 作「武城一神峯」。鋒，讀為峯，不煩改字。《雜俎》「恬昭」誤作「怙照」。

（4）邵公奭為南明公（邵公名奭，丈王庶子，食釆於邵，卦（封）於燕國。按周公、邵公、太公，俱佐命剋紂，公在不殊……太公執飽（旄）秉鉞，威罰最深，乃載出《列仙》……皆當各綠其根本業分故也。）

麥谷曰：卦，俞本作「封」，今從俞本。飽，宮本作「旄」，今從宮本。（P478）

按：道藏本「丈」作「文」，「綠」作「緣」，麥谷本誤也（P473）。四庫本、重刊道藏輯要本、學津討原本亦作「封」、「旄」。又「公在不殊」之「公」當作「功」，各本均誤，麥谷氏（P473）、趙益（P270）並失校。

（5）後乃遇寒過大冰，墮長壽河中死耳

按：冰，《三洞珠囊》卷 10、《三洞群仙錄》卷 16 引作「水」，《靈仙記》、《要修科儀戒律鈔》卷 8 引《酆都記》（下文省稱作《酆都記》）同。「冰」俗字作「氷」，形近誤作「水」。《酆都記》「墮」作「隨」，借字。

（6）常行叩齒鳴打天鼓，以驚身中諸神，神不敢散，鬼氣不得入

趙益曰：敢，《三洞珠囊》卷 10 引作「得」，《酆都記》同。（P276）

按：道藏本「驚」作「警」，麥谷本誤也（P485）。《靈仙記》「敢」亦作「得」。

（7）若助不行冰渡河，亦可出千歲壽不啻也。當是遇大寒凍，步行冰上，口噤不能復叩齒，是故鬼因溺著河中耳

按：二「冰」，《三洞珠囊》卷 10 引誤作「水」，《靈仙記》誤同。《三洞群仙錄》卷 16 上字誤作「水」，下字不誤。《靈仙記》「啻」作「訾」。

（8）酆都山上樹木水澤如世間，但稻米粒幾大，味如菱

按：本卷上文云「酆都稻名重思，其米如石榴子，粒異大，色味如菱」。「幾」是「異」音轉，猶言特別。上文「異」，《酉陽雜俎》卷 2 易作「稍」，失其誼也。古書習以「幾」借作「冀」，冀從異得聲。《晏子春秋・外篇》「故異於服，勉于容」，《墨子・非儒下》作「機服勉容」。《說苑・建本》「異日」，阜陽漢簡《春秋事語》作「幾日」。均其音轉之證。

（9）侍帝晨有八人：徐庶、龐德、爰愉、李廣、王嘉、何晏、解結、
殷浩（爰愉，字世都，濮陽人，有才辨，多術藝。事晉武，辟
司徒魏舒府，位至侍中中書令監。）

　　按：麥谷氏已經指明「徐庶」等人古籍出處（P490），獨未及「爰愉」。
《真靈位業圖》：「爰榆，字世都。」《三國志・鄧艾傳》裴松之注引荀綽《冀
州記》：「（爰）邵起自幹吏，位至衛尉。長子翰，河東太守……翰子俞，字世
都，清貞貴素，辯於論議，採公孫龍之辭以談微理。少有能名，辟太尉府，稍
歷顯位，至侍中中書令，遷為監。」《文選》陸機《謝平原內史表》「散騎侍郎
袁瑜」，李善注引王隱《晉書》：「袁瑜，字世都。」《晉書・張軌傳》：「更以侍
中爰瑜為涼州刺史。」《宋書・孝義列傳》：「元嘉四年，遣大使巡行天下，散
騎常侍袁愉表其淳行。」「爰愉」、「爰榆」、「爰俞」、「爰瑜」、「袁瑜」、「袁愉」
只是一人，乃爰邵之孫，爰翰之子耳。又考《無上祕要》卷 83 引《得鬼官道
人名品》：「夏瑜，字世都，晉武中書監。」「夏」是「爰」形誤。又「侍中中
書令監」當點作「侍中中書令、監」，指侍中中書令、侍中中書監二職。趙益
點作「侍中、中書令監」（P277），亦誤。

（10）又有中郎直事四人，如世之尚書也。戴淵、公孫度、劉封、
郭嘉（戴淵，字若愚，廣陵人也。）

　　按：《晉書・戴若思傳》：「戴若思，廣陵人也，名犯高祖廟諱……（陸）
機薦之於趙王倫。」《御覽》卷 632 引陸機《薦戴若思文》：「伏見處士廣陵戴
淵，年三十，字若思，心智足以研幽，才鑒足以辨物。」「愚」當據校作「思」，
與「淵」相應。麥谷氏（P487）、趙益（P278）並失校。

（11）玄德今為北河侯，與韓遂對統（韓遂，字文紂……為其將麴、
演等所害。）

　　趙益曰：紂，《三國志・武帝紀》裴注引《典略》作「約」。（P278）
　　按：麥谷氏失校（P488），而趙益但出異文，不能判斷孰正孰誤。《文選・
檄吳將校部曲》李善注引《典略》亦言韓遂字文約。《三國志・張既傳》裴松
之注引《典略》：「（曹）公抵掌謂之曰：『但韓文約可為盡節，而孤獨不可乎？』」
此曹操對韓遂部將成公英語，曹操稱韓遂為韓文約，則「紂」是「約」形誤，
確鑿無疑矣。《無上祕要》卷 83 引《得鬼官道人名品》：「韓遂，字文約，為
魏所伐者。」其字則不誤。又「麴演」是人姓名，不宜點作「麴、演」。

（12）如今尚書令，漢光武及孫文臺二人居之（孫堅，字文臺，吳郡人，策文也。）

按：道藏本「策文」作「策父」，麥谷本誤也（P488）。

（13）如今之中書令監，有二人，顏懷、楊彪二人居之。懷字思季，彪字文先者。（楊彪，字文先，弘農人，漢司空，楊修父也。）

按：「文先」，《後漢書·楊彪傳》、《後漢紀》卷30、《靈仙記》同。《真靈位業圖》作「文光」，「光」是「先」形誤。

（14）劉贊為司馬（劉贊，字正明，會稽長山人。）

按：《靈仙記》「劉贊」作「留贊」。《三國志·吳志》、《魏志》諸篇都作「留贊」。《三國志·孫峻傳》裴松之注引《吳書》：「留贊，字正明，會稽長山人。」

（15）孫策為東明公賓友（策初從東出，煞道七千（士干）吉。後照鏡見之，驚忿叫，故瘡潰而死。）

麥谷曰：七千，俞本作「士干」，今從俞本。（P489）

按：趙益亦從麥谷氏校作「道士干吉」（P280），仍未全得，「干」是「于」形譌。四庫本、重刊道藏輯要本、學津討原本作「道士于吉」，是也。《搜神記》卷1：「孫策欲渡江襲許，與于吉俱行……將士喜悅，以為吉必見原，並往慶慰。策遂殺之……策既殺吉，每獨坐，彷彿見吉在左右。意深惡之，頗有失常。後治瘡方差，而引鏡自照，見吉在鏡中，顧而弗見。如是再三。撲鏡大叫，瘡皆崩裂，須臾而死。（吉，瑯琊人，道士。）」《三國志·孫策傳》裴松之注引《搜神記》、《法苑珠林》卷79引《冤魂志》載此事並作「于吉」。

卷十六《闡幽微》第二

（1）其中宿運先世有陰德惠救者，乃時有徑補仙官

按：《道跡靈仙記》（下文省稱作《靈仙記》）「救」作「拯」。

（2）陶侃為西河侯（仙真猶尚握節持鈴，以勒比（此）輩，而況其問類乎？）

麥谷曰：比，俞本作「此」，今從俞本。（P497）

按：四庫本、重刊道藏輯要本、學津討原本亦作「此」。又「問」字，四庫本同，輯要本、學津討原本作「同」。作「同」字是。

（3）何曾為南巴侯（何曾，字穎考，陳郡陽夏人。）

按：道藏本「穎」作「頴」，麥谷本誤也（P494）。趙益本作「穎」（P284），亦與底本不符。「頴」是俗「穎」字。《真靈位業圖》誤作「頴孝」，《治要》卷29、《御覽》卷493引《晉書》誤同。

（4）遊山林，棄世風塵，志願憑子晉於緱岑，侶陵陽於步玄，故改名為玄子

按：《靈仙記》作「志願逢子晉於緱岑，旅淩陽以步玄」，餘同。《仙苑編珠》卷中引《登真隱訣》作「志願憑子晉以昇虛，侶陵陽以步玄」。《三洞珠囊》卷5、《三洞群仙錄》卷18引「棄世」作「屏棄」，又《珠囊》引下「於」作「以」。憑，讀作逢，遇也。旅，讀作侶。《真誥》卷18陶注：「所謂遊處方源，常與龍伯高等為旅也。」旅亦借字。下「於」字當校正作「以」，麥谷氏（P501）、趙益（P287）並失校。

（5）而大帝今且見差，領東海侯代庾生

按：《靈仙記》同，《雲笈七籤》卷96「代庾生」形誤作「氏更生」。

（6）若夫冠晨佩青，蕭條羽袂，鳴鈴仙階，轉軨瓊室者，雖實素心而卒日也

按：《靈仙記》「日」上有「未有」二字，周作明已據補正〔註72〕，麥谷氏（P502）、趙益（P288）並失校。

（7）事與道德為闊，眼與盱真為踈

按：《靈仙記》「盱」作「眄」。此字當作「眄」。

（8）是以名書上清，丹錄玄殖

按：《靈仙記》作「丹籙玄階」。「玄殖」不辭，「殖」當據校作「階」，麥谷氏（P502）、趙益（P288）並失校。

〔註72〕周作明《點校本〈真誥〉商補》，《湛江師範學院學報》2012年第5期，第74頁。

（9）神隨空無散，炁與慶雲消

按：《諸真歌頌》、《雲笈七籤》卷 96 同。《靈仙記》「空」形誤作「室」。

（10）蹀足吟幽唱，仰手玩鳴條

按：道藏本「玩」作「翫」，麥谷本與底本不符（P502）。蹀，《諸真歌頌》、《雲笈七籤》卷 96 同，《靈仙記》作「躡」，一聲之轉耳。

（11）蕭蕭研道子，合神契靈衿

按：衿，《上清三真旨要玉訣》（下文省稱作《玉訣》）、《靈仙記》同，《諸真歌頌》、《雲笈七籤》卷 96 作「襟」，字同。

（12）同期理外遊，相與靜東衣

麥谷曰：衣，宮本作「岑」，今從宮本。（P504）

按：《諸真歌頌》、《玉訣》、《靈仙記》、《雲笈七籤》卷 96 作「岑」。

（13）命駕廣酆阿，逸迹超冥鄉

按：超，《玉訣》、《靈仙記》同，《諸真歌頌》、《雲笈七籤》卷 96 作「幽」。

（14）目擊玄解了，鬼神理自忘

按：各書同，獨《靈仙記》「了」誤作「子」

（15）近取馮懷為司馬（馮衛（懷），字祖思，長樂人。）

麥谷曰：衛，俞本作「懷」，今從俞本。《真靈位業圖》列有「司馬馮懷」，注曰：「字相思，晉太常。」《世說新語·文學》注曰：「《馮氏譜》曰：『馮懷，字祖思，長樂人，歷太常護國將軍。』」（P504／506）

按：《無上祕要》卷 83 引《得鬼官道人名品》：「司馬馮懷，字祖恩，晉太常。」「思」與「懷」相應，「恩」必是「思」形誤。《位業圖》「相」是「祖」形誤。《晉書·顏含傳》：「太常馮懷以問於含，含……既而告人曰：『吾聞伐國不問仁人。向馮祖思問佞於我，我有邪德乎？』」

（16）至孝者能感激鬼神，使百鳥山獸巡其墳埏也

按：巡，《雲笈七籤》卷 86 作「馴」，《道典論》卷 2 引《太極真人飛仙寶劍上經》作「逃」。疑「巡」字是。《道典論》「埏」作「塚」。

（17）至忠者能公犯直心，精貫白日；或剖藏煞身，以激其君者也

　　趙益曰：犯，《雲笈七籤》卷86作「抱」。（P291）

　　按：《道典論》卷2「犯」同，《雲笈》形誤作「抱」。

（18）李善今在少室（李善，字次遜，本南陽育陽李元家奴。）

　　按：《後漢書‧李善傳》「遜」作「孫」，「育」作「清」。

（19）臨終之日，視其形如生人之肉，脫死之時，尸不強直，足指不青，手足不皺者，謂之先有德行，自然得尸解者也

　　趙益曰：足，《雲笈七籤》卷86作「皮」。（P291）

　　按：劉揚據《雲笈》校「足」作「皮」〔註73〕，是也。《道典論》卷2、《無上祕要》卷87「足」亦作「皮」。《道典論》、《無上祕要》「脫」作「既」。此文並當據校正，麥谷氏（P509）、趙益（P293）均失校。

（20）此等自奉屬於三官，永無進仙之冀，坐煞伐積酷、害生死多故也

　　按：《雲笈七籤》卷86「酷」作「惡」，「死」作「尤」。「死」是「尤」形誤，麥谷氏（P512）、趙益（P294）並失校。

卷十七《握真輔》第一

（1）豈可以與夫坐華屋、擊鍾鼓、饗五鼎、艷綺紈者同日而論之哉

　　按：艷，讀為掞，舒揚也。P.2524《語對》：「掞天：掞音豔也。」

（2）「恭柏榮」注之曰……（如今再注之，乃取揚雄《玄為論》中語，更小增損易奪之）

　　按：下文「夫心與治遊乎太和，唯唐虞能充其任矣。神與化蕩乎無境，唯伏羲能承其統。故二十五絃之具，非牙、曠不能以為神。弓矢質的之具，非羿逄蒙不能以為妙耶」，注曰：「此一篇亦是《玄為論》中語。」考《路史》卷10羅苹注引揚雄《主為論》有「夫心與治」云云，與此同。不知《玄為論》、《主為論》孰是，今已逸。

〔註73〕劉揚《〈真誥校注〉商補二則》，《西南民族大學學報》2009年第9期，第223頁。

（3）某與公及此女，以敷席共坐山上，俱北向望海水及白龍，并有
設酒食。酒中如石榴子，合食之，桦亦如世間桦，桦中，鮭也。

按：「桦」是「槃」俗字。S.2071《切韻箋注》：「盤，盂。又作桦、盤（槃）。」

（4）廣休年雖前，所炁何蒙矓

按：道藏本「蒙矓」作「蒙蒙」，麥谷本誤也（P524）。所炁，《諸真歌頌》、
《雲笈七籤》卷 96 作「壯氣」。「所」是「壯」形誤，麥谷氏（P524）、趙益
（P301）並失校。

（5）寔未下路讓，惟年以相崇

按：惟，《諸真歌頌》、《雲笈七籤》卷 96 作「推」。此文當據校正，麥
谷氏（P524）、趙益（P301）並失校。下文「同僚相率往，推我高勝年」，亦
是「推」字。

（6）紫雲邁靈宮，香菸何鬱鬱

按：道藏本「菸」作「煙」，麥谷本與底本不符（P524）。

（7）美哉樂廣休，久在論道位

按：上文其人名作「洛廣休」，《諸真歌頌》、《雲笈七籤》卷 96「樂」作
「洛」。《雲笈》「久」誤作「人」。

（8）羅並真人坐，齊觀白龍邁

按：道藏本「並」作「併」，麥谷本與底本不符（P524）。《諸真歌頌》、
《雲笈七籤》卷 96「羅併」作「羅駢」，「坐」作「座」。

（9）遊觀奇山峙，漱濯滄流清

按：峙，《諸真歌頌》、《雲笈七籤》卷 96 作「巘」。

（10）遙觀蓬萊間，巘巘衝霄冥

按：《諸真歌頌》、《雲笈七籤》卷 96「觀」作「覿」，「巘巘」作「屹屹」。

（11）形沉北寒宇，三神樓九天

按：樓，《上清道類事相》卷 4 引同，《諸真歌頌》、《雲笈七籤》卷 96 誤

作「接」。「棲」形誤作「捷」，復音誤作「接」。「神棲」、「棲神」是道經成語。
又《道類事相》「沉」誤作「況」，「寒」誤作「塞」。

（12）許生廣慎而多疑

按：「廣」疑「庶」誤。「庶慎」出《書・立政》。

（13）羲頓首頓首，旦白反，不散風燥。奉告，承安和。行奉勤白，
書不具

按：「勤」當作「謹」，麥谷氏（P533）、趙益（P307）並失校。

（14）唯覺初時作六七日聞（間），頭腦中熱，腹中校沸耳，
其餘無他

麥谷曰：「聞」字，以意改為「間」字。（P534）

按：趙益亦據改「聞」作「間」（P308）。所改是，但當屬下句，時間詞。
「校」同「較」，副詞，猶言稍也。

（15）要當代（待）東卿至乃委曲耳

麥谷曰：代，俞本作「待」，今從俞本。（P538）

按：四庫本、重刊道藏輯要本、學津討原本仍作「代」。「代」是「待」借
音字，不煩改作。

（16）尊處已別有一本，不審可留此處本否

按：道藏本「己」作「已」，麥谷本誤也（P537）。

（17）懸情灼灼

按：灼灼，讀為「炸炸」，惶懼、悲痛也。《真誥》卷18「違遠竦灼」，
灼亦讀為炸。

卷十八《握真輔》第二

（1）近乃失去布復，欲就先生乞此衣（既採南燭，又乞復祇，則在
洞中者猶須衣食。）

按：道藏本二「復」作「複（複）」，麥谷本誤也（P541）。

（2）祝畢乃存星，安臥其中也，然後密叩齒，祝九星之精

按：《上清金書玉字上經》、《太清金液神氣經》卷下「之精」作「太精」。《神氣經》「密」誤作「容」。

（3）苞山下有石室銀戶，方圓百里

按：苞山，《御覽》卷663、674引作「包山」。《御覽》卷663引「戶」作「房」。《山海經・海內東經》郭璞注：「今吳縣南大湖中有包山，下有洞庭。」《宋書・符瑞志》：「晉穆帝永和元年八月，白鸞見吳國吳縣西界包山。」

（4）先生自寄神炁，投景東林，沐浴閑丘，乖我同心

按：《雲笈七籤》卷106《許邁真人傳》載《映於東山與穆書》曰：「吾自寄神炁，收景東林，沐浴明丘，乖我同生。」「收」當據此作「投」。

（5）西眄雲涯，哀興內發

按：《雲笈七籤》卷106「眄」誤作「盼」，又「涯」作「崖」。

（6）冥志扉上，遊雲竦真

按：《雲笈七籤》卷106「冥」作「真」，「扉」作「飛」，「雲」作「空」。「冥」是「真」形誤，麥谷氏（P553）、趙益（P324）並失校。「扉」是「飛」音誤。

（7）始覺形非我質，遂亡軀遂神矣

麥谷曰：下「遂」，俞本作「逐」，今從俞本。（P555）
按：《雲笈七籤》卷106亦作「逐神」。

（8）浪心飄外，世路永絕

按：《雲笈七籤》卷106「路」作「務」。

（9）清講新妙，玉音洞密

按：《雲笈七籤》卷106「清」誤作「請」。

（10）吐納平顏，鍊魂保骨

按：《雲笈七籤》卷106「魂」作「形」。

（11）崇賴成覆救濟之功，天地不能渝也（謂應作「踰」字。）

按：《雲笈七籤》卷106「渝」作「踰」。

（12）心觀靈元（謝過法也），炁陶太素（五神事也）

按：《雲笈七籤》卷106「元」作「無」。下文云「泰和二年太歲在丁卯正月行迴元道（此是謝過法）」，則「元」字是。「元」形誤作「无」，復易作「無」。

（13）登七闕之巍峩，味三辰以積遷

按：《雲笈七籤》卷106「闕」誤作「關」。《真誥》卷1：「入宴七闕，出轡雲輪，攝三辰而俱升，散景霞以飛軒。」《侍帝晨東華上佐司命楊君傳記》、《洞玄靈寶自然九天生神玉章經解》卷下「攝」作「躡」。「味」當作「跰」，《雲笈》亦誤，亦是登躡之誼。《集韻》：「跰，踐也。」

（14）虛落霄表，精郎（朗）九玄

麥谷曰：郎，俞本作「朗」，今從俞本。（P555）

按：《雲笈七籤》卷106「精郎」作「映朗」。

（15）此道高邈，非是吾徒所得聞也

按：《雲笈七籤》卷106「邈」作「妙」。

（16）禍福之明，於斯而用矣

按：《雲笈七籤》卷106「明」作「萌」。萌、明，正、借字。

（17）若念慮百端，狹以營道，雖騁百年，亦無冀也

按：《雲笈七籤》卷106「狹」作「協」。

（18）想善加苦心勞形，勤諸功德，萬物云云，亦何益哉

按：《雲笈七籤》卷106「加」作「功」，「諸」作「立」，「云云」作「芸芸」。「功」是「加」形譌。

（19）吾方棲神岫室，蔭形深林

按：《雲笈七籤》卷106「岫室」作「空岫」，「蔭」作「廕」。「岫室」、「空岫」並通。「岫室」即「洞室」，指山洞石室。

（20）昔約道成，當還詭信

按：趙益校「詭」作「脆」（P325），是也。《雲笈七籤》卷106正作「脆」。

（21）夢得一帙，有四小卷書，云是神母書，或云是傳，皆以青細布為袟，袟兩頭紅色，書皆是素……帙布亦不正似布

按：二「袟」，四庫本、重刊道藏輯要本、學津討原本亦作「帙」。「袟」是「帙」借字，同文異字也。

（22）白炁從室中出，又似水。鬱勃來冠玉斧身

按：「鬱勃」屬上句，其下用逗號，趙益讀不誤（P328）。「冠」是「灌」同音借字。

（23）得穀，願為都作米，此無可舂者

按：作，讀作槃，字亦作昨、粨，指舂米。《玄應音義》卷18：「粨哉：字宜作昨、槃二形，同。《說文》：『糲一斛舂取九斗曰槃。』《三蒼》注云：『槃，精米也。』今江南謂帥米為槃。論文作粨，非體也。」

卷十九《翼真檢》第一

（1）佛經《妙法蓮華》，理會一乘之致；仙書《莊子內篇》，義窮玄任之境

按：「任」字疑有誤。疑「玄任」當作「玄同」。

（2）掾書乃是學楊，而字體勁利，偏善寫經畫符，與楊相似。鬱勃鋒勢，迨非人功所逮

按：迨，讀為殆。

（3）闇改則澆流散亂，不復固真

按：固，讀為故，舊也。

（4）今並挑扶（拔），取其年月，事類相貫

麥谷曰：扶，俞本作「拔」，今從俞本。（P571）

按：四庫本、學津討原本亦作「拔」。「拔」俗字作「拔」形，省其一點，

則作「扙」字。P.2497《兄弟》:「緬懷拯扙,莫過迴而(向)。」「扙」亦是「拔」。此字與「扙(ào)」是同形異字。

(5)又按眾真辭百(旨),皆有義趣,或詩或戒,互相酬配

麥谷曰:百,俞本作「旨」,今從俞本。(P571)

按:四庫本、學津討原本亦作「旨」。酬,讀為儔。

(6)而顧所撰真跡,枝分類別,各為部卷,致語用乖越,不復可領

按:越,遠也,引申訓違背。」《後漢書·宦者傳論》:「然真邪並行,情貌相越。」李賢注:「越,違也。」「乖越」是漢魏六朝成語。

(7)復有王靈期者,才思綺拔,志規敷道

按:綺,讀為奇。拔,出也。

(8)人亦初無疑悟者

按:悟,讀為誤、悞,迷惑也。

(9)馬家遂致富盛,盜產巨萬,年老命終。朗子洪,洪弟真,罕子智等,猶共遵向

按:遵向,《雲笈七籤》卷5作「尊尚」。尊、遵,正、借字。「向」當作「尚」,麥谷氏(P577)、趙益(P343)並失校。

(10)後多致散失,猶餘數卷,今在其女弟子始豐後堂山張玉景間(顧留停累日,謂苦備至,遂不接之。)

麥谷曰:謂,俞本作「請」,今從俞本。(P578)

按:四庫本、學津討原本亦作「請」,皆非是。《爾雅》:「謂,勤也。」遂,猶終也。

(11)馬朗忿恨,乃洋銅灌廚篽,約敕家人不得復開

按:洋,讀為烊、煬,熔化。《神仙傳》卷9「公度於鑪中洋錫」,《御覽》卷812、《太平廣記》卷13引「洋」作「銷」,即銷熔義也。

卷二十《翼真檢》第二

（1）杜居士京產將諸經書往剡南墅大墟住，始與顧歡、戚景玄、朱僧標等數人共相料視

按：杜京產、顧歡二人《南史》、《南齊書》有傳。「戚景玄」無考。「朱僧標」亦見《南齊書·樂志三》，《雲笈七籤》卷 107 引陶翊《華陽隱居先生本起錄》載其人作「諸僧標」。

（2）就朱取之（後又罷佛還俗，遂留宕者而終。）

按：「留宕」同「流宕」、「流蕩」。

（3）靈帝時，兄訓及訓子相並儻附閹人貴盛

按：儻，四庫本、重刊道藏輯要本、學津討原本作「黨」，是也，麥谷氏失校（P585）。趙益本徑作「黨」（P349），與底本不符。

（4）第七礭，字義玄，小名嗣伯

按：《小字錄》引《真誥》：「許礭，字義玄，副第七男，小名嗣伯。」「礭」是「碻」俗譌字。

（5）僑初頗通神鬼，常夢共同饗醊。每爾輒靜寐不覺，醒則醉吐狼借

按：道藏本「借」作「藉」，麥谷本誤也（P595）。

2020 年 5 月 25～6 月 30 日初稿，7 月 1～2 日二稿。

《周氏冥通記》校補

　　《隋書‧經籍志》載：「《周氏冥通記》一卷。」《舊唐書‧經籍志》同，并注：「陶弘景撰。」《宋史‧藝文志》載：「《周子良冥通記》四卷。」今存《冥通記》版本有二個系統，皆四卷本，一是道藏本；二是秘冊彙函本，《叢書集成初編》據之影印，津逮秘書本、學津討原本、四庫本均出自彙函本。舊題「一卷」者譌。作者是南朝梁丹陽陶弘景（456～536），書中有吳語，如卷3「諸女曰『待儂』」，「待儂」猶今言等我，即是典型的例子。周氏指周子良，陶弘景弟子。其文古雅，時有奧字，清人黃生《義府》卷下疏解其書27詞〔註1〕，多精當可取。日人麥谷邦夫、吉川忠夫《周氏冥通記研究（譯注篇）》注解詳細〔註2〕，但亦有遺漏。

　　茲據道藏本為底本作校補。王家葵《周氏冥通記校釋》，余未見。

（1）忽見一人，長可七尺，面小口鼻，猛眉，多少有鬚，青白色，年可四十許（卷一）

　　按：猛眉，言眉之密也。今吳語、江淮官話謂稠密為猛，如說「秧栽勒太猛」是也。明代江陰人李詡《方言大略》：「稠密謂之猛。」〔註3〕光緒九年刻本《蘇州府志》卷3：「稠密曰猛。」光緒十七年刻本《崑新兩縣續修合志》

〔註1〕黃生《義府》卷下，收入黃生、黃承吉《字詁義府合按》，中華書局1954年版，第252～255頁。

〔註2〕麥谷邦夫、吉川忠夫《周氏冥通記研究（譯注篇）》，京都大學人文科學研究所2003年版。

〔註3〕李詡《今古方言大略》，收入《戒庵老人漫筆》卷5，《叢書集成續編》第213冊，臺灣新文豐出版公司1988年版，第536頁。《方言大略》在《說郛續》中又稱作《俗呼小錄》。

卷1、民國刻本《太倉州志》卷3、《靖江縣志》同〔註4〕。陶弘景吳人，所記錄正用吳語。《金樓子‧箴戒》：「東昏侯寶卷，黑色，身纔長五尺，猛眉，出口。」梁元帝蕭繹是蘭陵（今常州）人，亦用吳語。「猛」是「莪」轉語，字亦作「茂」，細草叢生貌，故引申訓稠密。《真誥》卷18：「用材為戶扇，務令茂密，無使有隙。」茂亦密也。許逸民曰：「猛眉，猶惡眉。」〔註5〕許氏未達吳語，其說非是。

（2）席白色有光明，草縷如茀子（卷一）

按：汪維輝說「茀子」不知指什麼〔註6〕。蕭紅說「茀子」就是「椰子」，指椰子樹葉編製的席子〔註7〕。椰樹葉非茅山所有，且說「草縷如椰子」亦不辭，「茀子」當非「椰子」。S.6208《雜集時要用字‧席部》：「蒒子。」「茀子」即「蒒子」。茀、蒒，讀為蒜，字亦作荼，指白茅。白茅花可以作席〔註8〕。

（3）郎善又來架子上取塸（卷一）

按：黃生曰：「『塸』與『甌』同。」（P253）黃說是。蔣斧印本《唐韻殘卷》：「塸，塸器。」裴務齊《正字本刊謬補缺切韻》卷4：「塸，塸塸。」亦作「塸」字，指瓦製小瓶。復言則曰「甌瓵」、「甌匬」，又音轉「部婁」、「瓵甀」、「付蔞」〔註9〕。

（4）前失火處大屋基，今猶有吏兵防護，莫輕洿慢（卷一）

按：《上清太上帝君九真中經》卷下：「衣服內外，不令有垢穢者，忌洿慢之薰也。」「洿慢」是中古成語，猶言輕慢。「洿」同「汙（污）」，故亦作「汙（污）慢」、「污漫」。《搜神記》卷13：「泰山之東有澧泉……若或污漫，則泉

〔註4〕《靖江縣志》轉引自許寶華、宮田一郎《漢語方言大詞典》，中華書局1999年版，第5640頁。

〔註5〕許逸民《金樓子校箋》，中華書局2011年版，第348頁。

〔註6〕汪維輝《〈周氏冥通記〉詞匯研究》，收入《中古近代漢語研究》第1輯，上海教育出版社2000年版，第167頁。

〔註7〕蕭紅《〈周氏冥通記研究（譯注篇）〉的幾個問題》，《中國訓詁學報》第3輯，商務印書館2018年版，第123頁。

〔註8〕參見蕭旭《S.3227V+S.6208〈雜集時要用字〉箋證》，收入《敦煌文獻校讀記》，花木蘭文化出版社2019年版，第71～72頁。

〔註9〕參見蕭旭《麵食「餺飥」、「餶飿」、「蝌餅」名義考》。

止焉」，南宋本《法苑珠林》卷 79 引作「汙慢」〔註10〕。《洞真上清開天三圖七星移度經》卷下「洿慢三光」，《上清太霄隱書元真洞飛二景經》作「污慢」。《太上經戒》「不得污漫靜壇」，《太上大道玉清經·本起品》作「汙慢」。本字作「侮慢」，《書·大禹謨》：「侮慢自賢，反道敗德。」「莫輕」的「輕」是副詞。

（5）名威伯，河東人，主記仙籍並風雨水，領五芝金玉草，事出《真誥》（卷一）

按：金，秘冊彙函本、津逮秘書本音誤作「今」。威伯，《真誥》卷 13 同，《御覽》卷 679 引《天戒經》亦同，《仙苑編珠》卷中引《真誥》誤作「成伯」。金玉草，今本《真誥》同，《御覽》卷 679 引誤作「金玉章」。

（6）于時子良擽屧橫在牀前，又不著衣眠（卷一）

按：黃生曰：「擽，洛官切，聚也，擇也（引者按：上說出《集韻》）。此似是脫屧之意，用『擽』字不知何義，恐是二屧交搭，故為聚意也。」（P254）麥谷邦夫從黃說（P61）。今吳語猶謂聚攏為擽，有「擽擽堆」語。「擽」是「攣」異體字。《玉篇》：「攣，攣綴也。」

（7）本基既塵穢，兼復蕪滿，若葬之，必不為卿益（卷一）

按：麥谷邦夫曰：「蕪滿，『蕪蔓』同。」（P62）其說是也。也作「蕪漫」，杜甫《謁文公上方》：「甫也南北人，蕪漫少耘鋤。」

（8）右一條即夏至夜所受記，細書一大度麻紙滿（卷一）

按：黃生曰：「度，待落切。今人以橫展兩臂爲『一度』。」（P254）黃說是也。本書卷 1：「右一條二十七日夜所受記，書一大度簿，白麻相接續滿紙。」又卷 2：「右一條一日夜所受記，書兩小度纏白紙。」又「右一條二十九夕所受記，書一大度白麻紙。」又卷 4：「從六月初來，共紙（書）一大度白牋紙也。」又「從九月二十九日來至此，並朱書大度色紙。」《真誥》卷 17 陶弘景注：「凡四條並異手書之，小度青紙，乃古而拙。」均同。又作同音字「託」、「托」，P.3432《龍興寺器物曆》：「鐵索肆條，長拾肆託。」龐元英《文昌雜錄》卷 3：「水纔深八托。」《續通志》卷 86：「今吳中人以兩臂量物曰托。」俗字作「庹」，《字彙補》：「庹，音託。兩腕引長謂之庹。」范寅《越諺》卷下

〔註10〕大正藏本《法苑珠林》在卷 63，引作「慠慢」。

《單辭只義》：「庹：託（引者按：擬其音）。兩臂橫量繩數曰『一庹』、『兩庹』。」〔註11〕梁同書《直語補證》：「以手量物長短曰庹。按：宋龐元英《文昌雜錄》『鴻臚陳大卿使高麗』一條『以鐵碼長繩沉水中為候深，及三十托』，只作『托』字。」〔註12〕今吳語尚有「一大（duo）託（指不到一託）」、「一小託（指不到半託）」語，長度單位。就其語源來說，語源當是「托」，同「拓」，張開也。字亦作「祏」、「毛」，《廣雅》：「祏，大也。」張家山漢簡《引書》：「引口痛，兩手指內（入）口中，力引之；已，力張口，力張左輯（頜），有（又）力張右輯（頜），毛而勿發，此皆三而已。」「毛」即上文之「張」義。古音度、毛相通。橫展兩臂以量物長短，正取開張擴大義。張開手指（拇指與食指或中指）以量物之長度謂之「揲」（《集韻》：「揲，手度物。」）字亦作「磔」、「庇」、「挓」，音轉亦作「拃」，亦取開張擴大義，與「度」語源亦同，只是伸展手指與伸展二臂之異。「度量」的度，古音也讀待落切。

（9）山神遂侵試之，後成邪注病（卷二）

按：《靈寶無量度人上品妙經》卷19：「魔無侵試，鬼無逆淩（凌）。」《抱朴子內篇‧登涉》屢言老魅、山精、山神「試人」，又《仙藥》言鬼「試人」，「試」謂試弄、欺侮。

（10）於時在冰口屋尋嶺內清淨，神女不集，西廂混雜，反欲相從，未達此趣，以為於色（卷二）

按：道藏本作「於色」，當據秘冊彙函本、津逮秘書本校作「於邑」。字亦作「於悒」、「菸邑」、「菸莒」、「鬱邑」、「鬱悒」，猶言鬱抑〔註13〕。麥谷邦夫失校（P94）。

（11）幸勿令人知，知亦未然此事，或生疑誚，以迴爾心（卷二）

按：《洞真太上說智慧消魔真經》卷4：「流言謗讟，不反不覆，方便解釋，悅而不嗔，彼我欣然，疑誚雲散，任性自是，不顧祛他，雖會中直，未能兼弘，偏美有傷，非智慧也。」誚，讀為訬，煩擾也。

〔註11〕范寅《越諺》卷下（侯友蘭等點注），人民出版社2006年版，第311頁。
〔註12〕梁同書《直語補證》，收入《續修四庫全書》第194冊，上海古籍出版社2002年版，第150頁。
〔註13〕參見蕭旭《「抑鬱」考》，收入《群書校補（續）》，花木蘭文化出版社2014年版，第2511頁。

（12）人問何忽爾，亦為作呷鳴相答（卷三）

按：「呷鳴」是「咿啞」、「咿呀」轉語，狀小聲。《漢書・東方朔傳》：「伊優亞者，辭未定也。」「伊優亞」皆象聲詞，「伊亞」亦即「咿呀」。

（13）朱陽館及彼廨以後乃有兩三塓，狀似古塚（卷四）

按：「塓」疑「墩」誤。墩，土堆。

（14）保命曰：「年內多勞，扇削鬼神，三官中奏爾云多罪，吾已卻之，不宜三過如此。」（卷四）

按：黃生曰：「扇謂蔽翳（翳）之也〔註14〕。削謂侵削之也。按賈勰《齊民要術》云『榆性扇地，其陰下五穀不植』，即此『扇』字。周於是年起屋，或犯鬼神所居，故云『扇削』。」（P255）黃氏說「扇」非是。「扇」是「搧」省文，批擊也。削，侵削、刻治也。

（15）世路多淫濁，真誠不可搜（卷四）

按：「淫濁」是「沈濁」轉語。《莊子・天下》：「以天下爲沈濁，不可與莊語。」

（16）二十四夕，見定錄君云：「念真不密，穢氣無辯，自云：『研瑩之。』」（卷四）

按：卷4：「司命云：『此可耳，心未真也，當更研瑩。』」劉祖國曰：「『研瑩』即『研詠』，謂研讀詠誦。瑩、詠音近義通。」〔註15〕劉說非是。瑩，明也，作動詞用，指磨而使發亮。後出本字作「鎣」；研亦磨也，「研瑩」同義連文。《廣雅》：「揫、鎣，磨也。」《文選・招隱詩》李善注及《慧琳音義》卷8、34、41、91引《廣雅》並作「瑩，磨也」，《慧琳音義》卷50引作「瑩，摩也」。《爾雅釋文》：「鎣，烏暝反，本今（亦）作瑩。瑩，磨瑩也。」研瑩，即《廣雅》「揫鎣」，猶言研磨，謂研磨心神使之明淨也。《文選・招隱詩》「前有寒泉井，聊可瑩心神」，《成唯識論演祕》卷3「資熏磨瑩其心」，此心可言研瑩之證。蓋以鏡喻心，故可言磨瑩也。《四十二章經》：「譬如磨鏡，垢去明

〔註14〕「醫」字安徽叢書本誤同，指海本、四庫本作「翳」，是也。
〔註15〕劉祖國《〈周氏冥通記研究（譯注篇）〉補苴》，《殷都學刊》2012年第2期，第85頁。

存，即自見形，斷欲守空，即見道真，知宿命矣」敦煌寫卷《降魔變文》「其牛乃瑩角驚天，四蹄似龍泉之劍；垂斜（胡）曳地，雙眸猶日月之明」，又「磨角掘地喊連天」，「瑩角」即「磨角」，瑩亦讀為鎣。《真誥》卷 7「許侯研之哉，斧子瑩之哉」，則是對舉同義。

（17）此一字章漫，永不可識也（卷四）

按：下文云「此字草漫，不可識也」，「章」是「草」形誤。卷 1「金玉草」，《御覽》卷 679 引「草」誤作「章」。道藏本《抱朴子外篇·博喻》「觀翰章之汪濊，則知其不出乎章句之徒矣」，平津館叢書本、萬有文庫本、四部叢刊本「章」誤作「草」。均其相謅之例。麥谷邦夫失校（P231）。

（18）又以銅器盛煎之，令火齊器底，勿令火黤出器邊也（卷四）

按：汪維輝謂「黤」釋為「火焰延伸（延及）」，指出「今天寧波話仍有此語，如『火黤出灶外了』，『火黤上屋簷了』。『黤』當是一個借音字，查《廣韻》、《集韻》，未得本字……這個『黤』在當時可能就是一個吳方言口語詞。」〔註16〕汪氏釋義是也，但未得本字。黤，讀為炶。《說文》：「炶，火行也。」《文選·景福殿賦》「開建陽則朱炎（焰）炶，啓金光則清風臻」，亦其例。字或作炎、炶、㸒、烂、焰，馬王堆帛書《相馬經》：「高錫之，如火之炎。」音轉又作尋，《淮南子·天文篇》：「火上蕁，水下流。」高誘注：「蕁，讀葛覃之覃。」《御覽》卷 869、935 引「蕁」作「尋」，《文子·上德篇》「蕁」作「炎」。又《齊俗篇》：「譬若水之下流，煙之上尋也。」

（19）若儸劫賊，合眾不能動（卷四）

按：儸，讀為罹，音轉亦作離、羅，猶言遭遇。

2020 年 5 月 24～27 日初稿，5 月 29 日二稿。

〔註16〕汪維輝《〈周氏冥通記〉詞匯研究》，收入《中古近代漢語研究》第 1 輯，上海教育出版社 2000 年版，第 166 頁。又見汪維輝《〈齊民要術〉辭匯語法研究》，上海教育出版社 2007 年版，第 101～102 頁。又見汪維輝《六世紀漢語詞匯的南北差異》，《中國語文》2007 年第 2 期，第 178 頁。

附錄　道經校勘雜記

　　偶然讀到牛尚鵬《道經字詞考釋》〔註1〕，有幾條意見，略記如次。牛君此書遇到異文，輒說「二者皆通」或「二者義近」者，每多失誤；又此書常舉大量明清文獻用例，以證六朝辭例，也不得法。本文均不作辨析，以免詞費。

（1）久病痼疾，誦念是經，真炁充扶，自得康健（《太上洞淵神呪經》卷 12）

　　牛尚鵬曰：「扶」通「浮」，「充扶」即「充浮」，義為充滿、充盈，同義連文。（P33）

　　按：牛說可備一通。扶亦可讀作敷，俗作布，布散也。《上清太上玉清隱書滅魔神慧高玄真經》：「口引東方青陽之精，青炁九嚥，使充布肝腑之中。」《上清迴神飛霄登空招五星上法經》：「口引嚥之八十過止，令赤氣充布絳宮中。」《上清大洞真經》卷 1：「因閉炁三息，咽津三過，使充布心腑之中，結作八神。」倒言也作「布充」，《迴神飛霄登空招五星上法經》：「口引咽之六十過止，令星氣布充於肺。」

（2）江左劉復係矣，天下不樂，人鬼次苦，下人憂悲（P.2959《洞淵神呪經》卷 2）

　　牛尚鵬曰：「次」當是「咨」的假借。「次苦」即「咨苦」，指哀歎痛苦。（P37）

　　按：牛說是也。道藏本正作「咨苦」，不知牛君何以不校？又 P.2959 原卷

〔註1〕牛尚鵬《道經字詞考釋》，中國社會科學出版社 2017 年版。

「不樂」誤作「大樂」，道藏本不誤。

（3）或有身體寒熱，反目白黑，狂走妄語……惚惚闘氣（《太上洞淵神呪經》卷1）

牛尚鵬曰：闘氣，P.3223 作「捉氣」，P.2576V 作「短氣」。「捉」乃「短」之俗字。「闘（鬥）氣」、「短（捉）氣」義近，皆謂呼吸短促、氣息翻滾，難以接續。「鬥氣」如：《太上洞淵神呪經》卷8：「令人寒熱，吐血心脹，鬥氣慴脇。」《漢語大詞典》：「鬥氣，賭氣。」當補「氣息短促、翻滾」一義項。（P47～48）

按：道藏本《神呪經》卷8作「闘氣」，不作「鬥氣」。P.3233 作「捉氣」〔註2〕，卷號不是 P.3223，牛君誤記。《神呪經》「闘」亦是「捉（短）」轉語，與「鬥」、「鬭」無涉。「短氣」就是指氣息短促，無氣息翻滾義。《可洪音義》卷5：「捉氣：上都管反，促也。」字亦作「掜」，北大漢簡《老子》「桓而允之」，馬王堆帛書乙本「桓」作「掜」。「桓」即「捉」。又 P.2576V、P.3233「惚惚」作「忽忽」〔註3〕，均是「惙惙」轉語〔註4〕，氣息短促綿弱貌。《慧琳音義》卷18引《聲類》：「惙惙，短氣之貌也。」又卷67引《考聲》：「惙，弱貌也。」從「叕」得聲之字多有短義。《千金要方》卷25：「若為急風邪所中，便迷漠恍惚，狂言妄語，或少氣惙惙，不能復言。」《外臺秘要方》卷14：「茯苓湯療中風入腹，心下如刺，不得臥，或在脅下轉動無常，腹滿，短氣惙惙欲死。」「惚惚闘氣」即是「短氣惙惙」之誼。

（4）或偷牛盜馬，誘人奴婢。或掩縛良善，度賣生口（《太上洞神洞淵神咒治病口章》）

牛尚鵬曰：度賣，猶言轉賣……「度」有傳送、授與義。（P49～50）

按：度，讀作略，本字作掠，猶言搶奪。《管子·輕重乙》「故先王度用於其重」，又《揆度》「度」同，《地數》作「各」，《國蓄》作「託」。度、託、各一聲之轉。《史記·外戚世家》：「少君年四五歲時，家貧，為人所略賣，其家

〔註2〕 P.3233《洞淵神呪經》卷第一，《法藏敦煌西域文獻（22）》，上海古籍出版社 2002 年版，第 223 頁。

〔註3〕 P.2576V《洞淵神呪經》卷第一，《法藏敦煌西域文獻（16）》，上海古籍出版社 2002 年版，第 70 頁。

〔註4〕 相通之例參見蕭旭《〈說文〉疏證（二則）》，《中國文字》2019 年冬季號，第 91～92 頁。

不知其處。」《論衡‧吉驗》作「掠賣」。

（5）或有穢污投於水火之考，或有穢慢土未之考，或有阿污金銀銅鐵之考（《太上洞淵神呪經》卷15）

牛尚鵬曰：「阿污」當為弄髒、污染義。「阿」通「屙」，「屙污」即排泄大便，排泄大便於金銀銅鐵即是對其污染。吳語中，「污」有大便、屎之義……「阿汙」疑為古吳方言詞。「土未」當為「土木」之誤。（P52～53）

按：「土未」未詳。阿，讀作淹、痷，一聲之轉，汙濁也。「淹（痷）汙」、「淹（痷）穢」是道經習語。「誒與」音轉作「阿與」〔註5〕，是其比也。

（6）臣等謹為男女生某甲家……上詣太上三天曹，伏須告報。臣某誠惶誠恐，稽首頓首，再拜以聞。（《太上洞神洞淵神咒治病口章》）

牛尚鵬曰：「伏須」字面意思是趴著等待。「須」有等待義。（P61）

按：上詣太上三天曹去告報，「須」不是等待義，而是必須義。S.298《太上洞玄經》：「謹以表聞，伏須告報。臣甲誠惶誠恐，死罪死罪，稽首，再拜以聞。」P.2865同。亦是其例。《太上濟度章赦》卷上：「臣為齋主某人拜上某章，上詣三天曹，伏願天恩告報。臣誠惶誠恐，稽首頓首，再拜以聞。」文例相同，「願」是「須」俗寫形誤。《靈寶玉鑑》卷17：「世中章本習而成風，皆有『伏須告報』四字，蓋緣傳寫舛誤。豈有臣子邀君之命，『伏須告』，『伏願』字也，當宜改之。」其文雖有脫字，但其意是說「伏須」當改作「伏願」，正顛倒耳。《正一法文法籙部儀》：「謹以啟聞，立須報應，臣甲誠惶誠恐，稽首再拜以聞。」此例尤足證明「須」字是。

（7）官事：得和闌處且和闌，到處人心有惡奸（《玄天上帝百字聖號》）

牛尚鵬曰：「和闌」當是和解義。「闌」有分散、衰落、消散等義……「解」亦有以上諸義項。（P77～78）

按：牛說非是，無此訓詁方法。「和解」之解是排解、分解義。道藏本作

〔註5〕《方言》卷6：「誒，誒與也。吳越曰誒，荊齊曰誒與，猶秦晉言阿與。」戴震曰：「『誒與』猶『阿與』，『誒』、『阿』乃一聲之轉。」戴震《方言疏證》卷6，收入《戴震全書》第3冊，黃山書社1994年版，第103～104頁。

「闐」，是「闌」形誤字。闌，讀作連。「和闌」是「連和」倒文，猶言結和、講和。《史記・項羽本紀》：「使使欲與連和俱西。」《漢書・高帝紀》：「秦將果欲連和，沛公欲許之。」

（8）收買箋檀（《玄天上帝啟聖錄》卷 3）

牛尚鵬曰：「箋檀」指箋香和檀香。（P85）

按：牛說是也，但未盡。箋香，也作「棧香」、「箋香」、「㮿香」、「棧香」，指在水中不沉不浮的沉香。

（9）令天下無惡風，雨不淋漓，人鬼如悅，百姓忻昕，國主通道（P.2366《洞淵神呪經》卷 10）

牛尚鵬曰：「如悅」不辭。「如」當為「和」之形訛。（P163）

按：牛說是也。道藏本正作「和悅」，不知牛君何以不校？P.2366「淋漓」作「淋瀝」（道藏本作「淋浪」），「忻昕」作「欣昕」（道藏本作「歡忻」）〔註6〕。牛君皆誤錄，亦云疏矣〔註7〕。「淋浪」與「淋泠（鈴）」、「淋漓」音轉。

（10）山精水密，猛狩毒蟲，一切執伏，勿當魁罡（P.3223《洞淵神呪經》卷 1）

牛尚鵬曰：「密」通「祕」，「祕」有神靈義。或「密」通「魅」，「水密」即「水魅」。（P172）

按：卷號是 P.3233〔註8〕。牛君前說不通，後說是。執，讀作懾。

（11）見人受經，及（反）更笑郊（P.2366《洞淵神呪經》卷 10）

牛尚鵬曰：《敦煌變文集・醜女緣起》「為緣不識阿羅漢，百般笑効苦芬葩。」蔣禮鴻《通釋》：「笑効，取笑輕侮。《廣雅》：『姣，侮也。』『効』和『姣、佼』聲近義同。」「笑郊」即「笑効」。（P200）

〔註6〕 P.2366《洞淵神呪經》卷第一，《法藏敦煌西域文獻（13）》，上海古籍出版社 2000 年版，第 12 頁。

〔註7〕 牛尚鵬《道經字詞考釋》附錄二《〈太上洞淵神呪經〉異文考校》錄文不誤，中國社會科學出版社 2017 年版，第 348 頁。

〔註8〕 P.3233《洞淵神呪經》卷第一，《法藏敦煌西域文獻（22）》，上海古籍出版社 2002 年版，第 225 頁。

按：牛說是也。道藏本作「反更互笑」，誤。「笑郊」近義連文，《淮南子·覽冥篇》：「鳳凰之翔至德也……而燕雀佼之。」《韓詩外傳》卷9：「夫鳳凰之初起也，翾翾十步，〔蕃籬〕之雀喔咿而笑之。」是佼亦笑也。亦可倒言作「交笑」、「狡笑」，《太上洞玄靈寶本行宿緣經》「勿得傲慢交笑，論及流俗榮利之務。」《要修科儀戒律鈔》卷2作「狡笑」。

（12）亂于九州，四海育育，無端序矣（《太上洞淵神咒經》卷9）

牛尚鵬曰：育育，通「悠悠」，動盪、飄忽不定。（P228）

按：牛說是也。此義吾早及之，余舊說云：「『儵儵』、『育育』、『游游』皆即『悠悠』、『攸攸』之音轉，字亦音轉作『粥粥』。」〔註9〕

2021年1月8～10日初稿，11日二稿。

〔註9〕蕭旭《列女傳校補》，收入《群書校補（續）》，花木蘭文化出版社2014年版，第835～836頁。